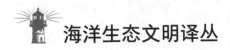

海洋生态文明译丛

刘 纯 周永模 主编

沙丁鱼与气候变动:
关于渔业未来的思考

イワシと気候変動:
漁業の未来を考える

川崎 健(日) 著

张晓兰 译

外语教学与研究出版社
FOREIGN LANGUAGE TEACHING AND RESEARCH PRESS
北京 BEIJING

京权图字：01-2021-5147

IWASHI TO KIKO HENDO: GYOGYO NO MIRAI O KANGAERU
by Tsuyoshi Kawasaki
© 2009, 2016 by Tadashi Kawasaki
Originally published in 2009 by Iwanami Shoten, Publishers, Tokyo.
This simplified Chinese edition published 2022 by Foreign Language Teaching and Research
Publishing Co., Ltd, Beijing
by arrangement with Iwanami Shoten, Publishers, Tokyo

图书在版编目（CIP）数据

沙丁鱼与气候变动：关于渔业未来的思考／（日）川崎健著；张晓兰译. ——
北京：外语教学与研究出版社，2022.1
（海洋生态文明译丛／刘纯，周永模主编）
ISBN 978-7-5213-3316-9

Ⅰ．①沙… Ⅱ．①川… ②张… Ⅲ．①海洋渔业－产业发展－研究－日本
Ⅳ．①F331.364

中国版本图书馆 CIP 数据核字（2022）第 011566 号

出 版 人　王　芳
责任编辑　聂海鸿
责任校对　闫　璟
封面设计　高　蕾
出版发行　外语教学与研究出版社
社　　址　北京市西三环北路 19 号（100089）
网　　址　http://www.fltrp.com
印　　刷　北京虎彩文化传播有限公司
开　　本　710×1000　1/16
印　　张　12
版　　次　2022 年 1 月第 1 版 2022 年 1 月第 1 次印刷
书　　号　ISBN 978-7-5213-3316-9
定　　价　66.90 元

购书咨询：（010）88819926　电子邮箱：club@fltrp.com
外研书店：https://waiyants.tmall.com
凡印刷、装订质量问题，请联系我社印制部
联系电话：（010）61207896　电子邮箱：zhijian@fltrp.com
凡侵权、盗版书籍线索，请联系我社法律事务部
举报电话：（010）88817519　电子邮箱：banquan@fltrp.com
物料号：333160001

总　序

　　海洋慷慨地为人类提供了丰富资源和航行便利。人类生存得益于海洋，人类联通离不开海洋。浩瀚之海承载着人类共同的命运，人类社会与海洋环境的互动密切而广泛：从史前时代的沿海贝冢，到现代社会的蓝色都市；从古希腊地中海商人的庞大船队，到中国海上丝绸之路的繁华盛景；从格劳秀斯《海洋自由论》的发表，到《联合国海洋法公约》的签署和实施，无不体现出海洋在人类文明进程中演绎的重要角色。海洋文明史是构成人类文明史的一个重要维度，充满着不同文明之间的交流融合。中国在拥抱海洋文明的进程中，始终秉持海纳百川、兼收并蓄、和平崛起的精神。历史上郑和下西洋，推行经贸和文化交流，结交了诸多隔海相望的友邻，促进了文明的相互沟通和彼此借鉴。而今，以"和谐海洋"为愿景、保护海洋生态环境、坚持和平走向海洋、建设"强而不霸"的新型海洋大国，已成为中华民族赓续海洋文明进而实现伟大复兴的重要步骤。

随着生产力的飞速发展和人类对海洋价值认识的不断更新，海洋蕴藏的巨大红利逐步释放。当人类的索取超过了海洋能够负载的限度时，海洋生态系统成为资源过度开发的牺牲品。无节制的捕捞作业使一些渔业资源濒临灭绝，来自陆海的双重污染和开发压力使海洋水体不堪重负，海洋成为当今全球生态环境问题最为集中、历史欠账最为严重的区域之一。为了让海洋能够永续人类福祉，联合国于 2016 年 1 月 1 日启动《联合国 2030 可持续发展议程》，该议程在目标 14 中强调"保护和可持续利用海洋和海洋资源以促进可持续发展"。海洋渔业选择性捕捞、海洋生物多样性保护、海洋污染防控、气候变化对海洋影响的探究等成为全球关注的重要焦点。

海洋生态文明建设是我国生态文明总体建设的重要组成部分，积极推动海洋生态文明建设有利于促进人与海洋的长期和谐共处、推动海洋经济的协调和可持续发展。"我们人类居住的这个蓝色星球，不是被海洋分割成了各个孤岛，而是被海洋连结成了命运共同体，各国人民安危与共。"习总书记高屋建瓴地提出了中国建设海洋生态文明的构想，从构建海洋命运共同体的高度阐述了海洋对于人类社会生存和发展的重要意义。世界范围内海洋生态文明议题在文学、哲学及科技等领域的多层面、多角度的研究成果为我们提供了良好的经验借鉴，重视、吸取和研究国外有关海洋生态文明的研究成果有助于汇聚全球智慧，形成共促海洋生态文明建设的合力。

　　基于上述认识，上海海洋大学和外语教学与研究出版社精选了国外有关海洋生态文明的著作，并组织精兵强将进行翻译，编制了"海洋生态文明译丛"。本译丛系统介绍了国外有关海洋生态文明研究的部分成果，旨在打破海洋生态文明演进的时空界限，从人类学、历史学、环境学、生态学、渔业科学等多学科视角出发，探讨海洋环境和人类文明之间的互动关系，揭开海洋生物的历史伤痕，探究海洋环境的今日面貌，思考海洋经济的未来发展。丛书主要包含以下7部译著：

　　《人类的海岸：一部历史》是讲述过去10万年来海洋文明发展的权威著作。海岸深刻影响着沿岸居民的生活态度、生活方式和生存空间。约翰·R.吉利斯再现了人类海岸的历史，从最早的非洲海岸开始讲起，一直谈到如今大城市和海滩度假胜地的繁华与喧嚣。作者揭示了海岸就是人类的伊甸园，阐释了海岸在人类历史上所起的关键作用，讲述了人类不断向海岸迁徙的故事。在此意义上，该著作既是一部时间的历史，也是一部空间的历史。

　　《沙丁鱼与气候变动：关于渔业未来的思考》阐述了"稳态变换"现象，即伴随着地球大气和海洋的变化，鱼类的可捕获量间隔数十年会以一定规模变动。以沙丁鱼为例，介绍了该鱼类种群的稳态变换现象，讨论了海洋和海洋生物资源可持续利用的方向，强调了解"大气－海洋－海洋生态系"构成的地球环境系统的重要性，为我们带来一种崭新的地球环境观。

《大海之殇：航海时代的大西洋捕捞》一书中，作者博尔斯特以史学家的视角叙述了近千年来人类对大西洋的蚕食侵害，又以航海家的身份对日益衰减的海洋资源扼腕叹息。先进捕捞工具使渔获量上升，人类可持续发展观念不足则导致了渔业资源储藏量骤降，海洋鱼类的自我恢复能力也受到威胁。作者用详实的数据和真实的案例论证了生态基线的逐渐降低和海洋资源的加速匮乏，振聋发聩，引人深思。该书引经据典，语言风趣，是海洋生态领域不可多得的一部力作。

《蓝色城市主义：探索城市与海洋的联系》聚焦"蓝色城市主义"的概念，诠释了城市与海洋之间的联系，从多个视角阐述如何将海洋保护融入城市规划和城市生活。蓝色城市主义这一新兴概念的诞生，意味着城市将重新审视其对海洋环境的影响。该书为我们描绘了一幅蓝色愿景，强调城市与海洋之间的认同，引发了读者对"如何在蓝色城市主义的引领下履行海洋保护的应尽之责？"这一问题的思考。

《向海边学习：环境教育和社会学习》重点介绍了日本"利用海洋资源"和"与海洋和谐共处"的经验，以环境教育和社会学习为主题，从日本的沿岸区域、千禧年生态系评价与生态服务、海边环境的管理与对话、地域协作、环境教育的实践、渔业相关人员的交流对话、经验与学习、人类共同面临的海洋课题、海洋绿色食品链等多方面、多角度进行了介绍和思考，是一本集专业性与易读性、基础性与前沿性为一体的海洋生态类专著。

《渔业与震灾》讲述了 2011 年东日本大地震发生后，日本东北、常磐一带的渔业村落面临的窘境：基于原有的从业人口老龄化、鱼类资源减少、进口水产品竞争等问题，渔业发展不得不面对核辐射的海洋污染、媒体评论等次生灾害的威胁。作者滨田武士认为，要解决这一系列的海洋生态问题，应当重新重视传承了渔民"自治、参加、责任"精神的渔业协同合作组织的"协同"力量，只有从业人员的劳动"人格"得以复兴，地域的再生才能得以实现。

《美国海洋荒野：二十世纪探索的文化历史》是一部海洋生态批评著作，作者以传记写作方式介绍了 7 位海洋生态保护主义者的生平与理论。通过将美国荒野的陆上概念推进到海洋，架起了陆地史学与海洋史学之间的桥梁，将生态研究向前推进了一大步，对海洋环境和历史研究是一个巨大贡献，对中国海洋生态保护和蓝色粮仓研究是一个重要启示。

上海海洋大学是一所以"海洋、水产、食品三大主干学科"为优势，农、理、工、经、管、文、法等多学科协调发展的应用研究型大学。百余年来，学校秉承"渔界所至海权所在"的创校使命，奋力开创践行"从海洋走向世界，从海洋走向未来"新时代历史使命的新局面。上海海洋大学外国语学院与上海译文出版社、外语教学与研究出版社合作，先后推出"海洋经济文献译丛"、"海洋文化译丛"和"海洋生态文明译丛"系列译著。这些译丛的出版，既是我校贯彻落实国家海洋强国战略的举措之一，也是我校外国语言文学学科主动对接国家战略、融入学校总体发展，致力于推动中外海洋文化交流与文明互鉴的有益尝试。

　　本套丛书"海洋生态文明译丛"是上海海洋大学、外语教学与研究出版社以及从事海洋文化研究的学者和翻译者们共同努力的成果。迈进新时代的中国正迎来重要战略机遇期，对内发展蓝色经济、对外开展蓝色对话是我国和平利用海洋的现实选择。探索搭建海洋生态文明研究的国际交流平台，更好地服务于国家海洋事业的发展，是我们应当承担的历史使命。相信我们能在拥抱蓝色、体悟海洋生态之美的同时，进一步"关心海洋、认识海洋、经略海洋"，共同推动实现生态繁荣、人海和谐的新局面。

李家乐

2020 年 5 月 20 日于上海

译者序

　　沙丁鱼是日本渔业最重要的鱼类，《沙丁鱼与气候变动：关于渔业未来的思考》一书以沙丁鱼为例，讨论了"稳态变换（regime shift）"现象，即伴随着地球大气和海洋的变化，鱼的可捕获量间隔数十年产生一定规模变动的现象。和陆地不同，孕育生命的海洋有着更为稳定的环境和更强的包容力。为了科学合理地实现海洋生物资源的可持续利用，我们要了解大气－海洋－海洋生态系统构成的地球环境系统，这一系统与耗时数十年进行循环的"稳态变换"密切相关。"稳态变换"理论在 1983 年被发现后，作为"不变神话"的"平衡理论"失去了根据，我们对世界的认识从 18 世纪前期牛顿的"自然的绝对不变性"（恩格斯，1876）飞跃性地到达了达尔文的"自然的不断的变动性"（1859）。"稳态变换"的概念从而广泛进入了世界范围内跨学科的研究领域。

　　本书序章叙述了日本渔业的历史概况；第一章通过分析沙丁

鱼大变动的产生原因，展示了稳态变换理论发现的过程；第二章阐述了稳态变换理论在广阔的海洋生态系统中的发生机制；第三章从大气、海洋的物理交互作用入手，分析了发生在海洋的稳态变换机制；第四章展现了大气－海洋－海洋生态系统整体产生的变动；第五章从海洋生物资源合理利用的角度来验证现行《联合国海洋法条约》的成立及其问题点；第六章承接序章，围绕以沙丁鱼和鲭鱼为主要对象的围网渔业，探讨日本渔业资源利用的未来；终章以全球变暖问题为铺垫，探究了海洋资源的可持续利用。通过以上分析，本书为我们展现了海洋和海洋生物资源未来可持续利用的方向，给我们带来了新的地球环境观。

作者川崎健于 1928 年出生于中国福建省福州市，是日本著名的水产资源学家、日本东北大学名誉教授。作为发现稳态变换的学者，他被称为"稳态变换之父"。《沙丁鱼与气候变动：关于渔业未来的思考》从日本渔业的历史讲起，将川崎健教授发现稳态变换的研究过程娓娓道来，兼具学术专著的严谨性与科普读物的趣味性。原著 2009 年在日本岩波书店出版以来，广受好评，随后的两年中在《日本经济新闻》和《每日新闻》等报纸刊登了 7 次书评。

译者在翻译本书的过程中得到了诸多专家学者的帮助。感谢上海海洋大学海洋科学学院戴小杰教授对渔业资源领域专业术语的解释，感谢上海海洋大学外国语学院刘纯副院长对译丛出版付出的心血，感谢张秀梅、王建民、徐迎春等老师对译作修改提出的意见，感谢外语教学与研究出版社高英分社孔乃卓副社长对译作出版付出的努力。

地球环境并非静止不动，不断变化、变动才是其常态。作者川崎健教授在原著终章提出的全球性气候变暖问题，不仅令我们反思发生在世界各地的气候灾害及海洋的可持续利用问题，而且让我们反思全球性气候变化对人类命运共同体的影响。我们应该对自然、对地球怀有敬畏之心。

张晓兰

2021 年 9 月

目　录

图 目

序章
海和渔业发生了什么?

本书的设计

众所周知,渔业有捕获量多的时候也有捕获量少的时候,这是因为作为捕获对象的海洋生物的生物量会发生很大的变动。鱼栖息的海会经历温暖的时代,也会经历寒冷的时代。我在这本书中想要表明的是,海洋和在其中生活的鱼类等海洋生物的生物量会发生大的变动,这种变动并不是各自独立的,而是作为一个体系中的有机构成部分在变动。数十年来,整个世界的大气和海洋以及海洋生态系统正作为一个系统在和谐地变动着,我想表明的正是这种新的地球环境像,即地球环境观。稳态转换理论是将大气 – 海洋 – 海洋生态系统这个地球环境系统作为一体来说明的理论,这个理论又将为海洋生物资源的可持续利用提供依据。

换一种说法，我希望大家能理解海洋里面发生的现象实际上是多样的，这些现象在统一的法则下进行，并且，理解这些现象对于更好地利用海洋资源是非常重要的。

今年是 2009 年，是达尔文诞生两百周年，也是《物种起源》出版 150 周年。国际科学杂志《自然》的社评《超越起源》（2008）指出，"（描绘了生物学基本原理的）查尔斯·达尔文第一次将生物的过去和现在连接起来，提出生物惊人的多样性的同时，也提出了说明多样性在根本上的统一性的方法"。此后，很多科学工作者继续发展了达尔文的想法，并于 20 世纪 60 年代发现了遗传密码的通用性。对此，法国分子生物学者贾克·莫诺的描述是"大象和大肠菌是一样的"。在这一发现的基础上，遗传技术得到了发展。这一发现贯穿了生物多样性中的统一性，给生物科学的进步以及基于生物科学进步的技术发展带来了决定性的影响。

同样的道理也适用于海洋自然。稳态转换这一全球性的、间隔数十年发生的海洋生物的变动现象，在 1983 年关于太平洋沙丁鱼的渔获量变动上被发现。这一发现刺激了大气和海洋研究的发展，特别是进入 20 世纪 90 年代以后，这一研究的影响辐射到包括水产资源学、海洋生物学、气象学、气候学、海洋物理学等广泛的学科领域，在这些学科里成为最前端的研究领域。稳态转换是调查、研究北大西洋的欧洲各国政府间组织——ICES

（International Council for the Exploration of the Sea 国际海洋考察理事会）和 GLOBEC（Global Ocean Ecosystem Dynamics 海洋生态系统研究）的国际项目，也是 PICES（North Pacific Marine Science Organization 北太平洋海洋科学组织）等国际合作研究的主要研究课题。这使得对《联合国海洋法公约》和国际渔业协定的再次评价成为必要。此外，这个理论也为海洋生物资源的可持续利用提供了科学依据。可见，稳态转换理论来自于渔业，也为渔业服务。我把这一情况称为"从沙丁鱼看地球环境"或"从沙丁鱼看世界"。

自古以来，沙丁鱼就是日本渔业中最重要的鱼类。因此，作为本书的切入点，序章从日本渔业的历史写起。第一章会揭示沙丁鱼的大变动是怎样发生的，稳态转换理论是怎样被发现的。第二章会展示稳态转换理论在广阔的海洋生态系统中是怎样形成的。第三章从大气、海洋物理的角度来整理海洋中发生的稳态转换机制。第四章将展现大气－海洋－海洋生态系统作为一个整体系统正在进行的变动。第五章将从海洋生物资源合理利用的角度来验证现行的《联合国海洋法公约》的源起及其核心问题。第六章承接序章，围绕以沙丁鱼和鲭鱼为主要对象的围网渔业，探讨日本渔业资源利用的未来。终章会在全球变暖问题的基础上思考海洋可持续利用的问题，并以此结尾。

全体休渔

2008 年 7 月 15 日，日本境内有 20 万艘渔船终日停靠在渔港。这是因为日本开展了全国性的全体休渔行动。在东京的日比谷野外音乐堂，全国的渔师 4000 人齐聚一堂，召开了"突破渔业经营危机全国渔民大会"并根据决议开展了游行活动。进入 2008 年，由于原油价格的高涨，渔船用的燃油价格也大幅度上升，渔业经营受到了威胁。渔业者向政府争取燃油高涨的差额补贴，第一次发生了全体休渔事件，从中能看出情况有多么严重。

燃料费占渔业成本的比例很高。这个占比直到 2004 年都是 10%～20%，但从 2005 年开始升高，到 2008 年的时候达到了 30%～40%。但是，物流业和消费者对价格敏感，渔业成本的增高也没法转嫁到水产品的价格上。

水产品的价格，被认为是物流业，尤其是大型超市决定的。正因为如此，进入 21 世纪以后，消费者愈加远离鱼介[a]。零售价格越高，消费者购买鱼介的量越少。也就是说，渔业的生产成本没有上涨的空间。长期处于下滑趋势的日本渔业本身已是压力巨大，燃油价格的高涨又给其一记重击。在那之后，受到在 2008

---

a 不购买、不食用鱼介被称为远离鱼介。——译者注

年秋天开始的世界金融危机的影响，燃油价格回落。但是，日本渔业的结构性问题并没有发生变化。日本渔业今后是否会解决这些结构性问题呢？

不用多说，渔业和我们每天的生活息息相关。渔业出现严重状况的这一过程和本书的主题相关，为了便于读者理解本书主旨，接下来我会概述战后日本渔业的历史。

二战后的日本渔业

半个世纪以前，由于第二次世界大战，日本渔业遭受了毁灭性的打击。战争结束后，日本渔业被限制在西北太平洋的狭窄水域发展。1952 年 4 月 28 日以后，日本渔业才开始挺进世界海域发展。5 月 1 日，50 艘带鲑鳟鱼流刺网的母船独航船向着北太平洋西部出航。1953 年，蟹船团出渔，1955 年，鲑鳟鱼船团向着鄂霍次克海出渔。

有大资本作为主体的以西拖网（从东经 128 度 30 分向西的渔获，所以这么叫。单船拖网捕鱼）、以西底拖网（双船拖网捕鱼）、蟹工船、北洋母船式底拖网、北洋拖网、远洋拖网等各渔业的生产量在 1957 年以后显著提高，1961 年的生产量是 1957 年的 271%。

渔业对外发展典型的例子是金枪鱼延绳渔业。金枪鱼渔业的出渔域在 1952 年以后持续扩大，到了 1964 年左右，日本渔业拓展到了太平洋、大西洋、印度洋金枪鱼分布的地方，所有这些都表明了日本渔业的巨大发展。

南冰洋捕鲸获得了 GHQ（联合国总司令部）的许可，在 1946 年再次开始捕鲸，从当初两艘母船迅速增加到 1960 年的 7 艘，大量捕获鲸。

金枪鱼延绳渔业的渔获量从 1952 年的 11 万吨增加到 1961 年的 54 万吨的顶峰，在那之后开始减少。在东海的以西底拖网渔获量的顶峰也发生在 1961 年。南冰洋捕鲸在 20 世纪 60 年代后期到达了顶峰。

滥捕是什么

渔获量为什么会开始下降？坦白地说，就是捕捞过度。不知道能在哪里停下来的日本渔业对外扩张，已经遇到了滥捕的困境。这是以生物资源为产业的渔业的特性。为了不使资源枯竭，持续发展渔业，就要遵循资源的变动法则，必须要在渔业的再生产力的范围内捕获。

渔业又有着先捕有利的产业特性。在渔获某种资源的时候，渔获后相应的资源量就变少，所以之后越进行渔获，CPUE 就越会下降。CPUE 指渔获量除以捕捞努力量的值，是取 catch per unit fishing effort（单位捕捞努力量渔获量）单词首字母的略称。捕捞努力量是指为了得到渔获量的努力量，用船只数、作业天数、作业次数（如果是底拖网船，用拖网数）来表示。CPUE 是用来表示资源的密度和资源量的指数。

因为先捕有利，大家尽早进行渔获，这就使渔船间产生了竞争。如果渔获超过了当时资源的再生产力的话，总的渔获量就开始减少。这种状况被称为"过度捕捞"。

传统的"水产资源学"对于滥捕有两个分类。一是"生长型过度捕捞"，也就是过度捕获小鱼的话，长成大鱼的数量就会减少，这就导致全部的资源量减少，渔获量也会减少。二是"补充型过度捕捞"。补充是指幼鱼被培育到一定程度的大小后补充到资源里成为渔获对象。过度捕捞成鱼的话，产卵数量减少，结果就是幼鱼的数量减少，资源的补充量也会相应变少而导致滥捕，这是因为鱼产卵的数量和孵化成的幼鱼数量间有着强相关的关系。

举一个生长型过度捕捞的例子。图序 -1 表示的是从 1924 年到 1976 年这 50 多年来以西海底拖网渔业（包括东海和黄海）的总渔获量、总渔获努力量的指数和总资源量指数的时间序列。1944 年前后的低谷是第二次世界大战造成的。战前渔获努力量不多，资源量发生了大的自然变动。战后 1948 年到 20 世纪 60 年代努力量急速增加，渔获量也急速增加。但是，进入 70 年代后，

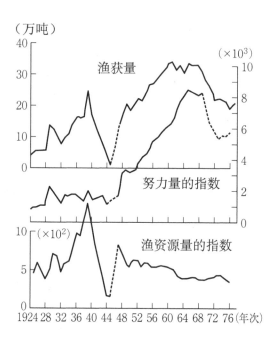

图序 -1　以西底拖网渔业生产状况的变动
（出处：大滝，1980）

努力量和渔获量都急速减少，陷入滥捕状况。资源量在强渔获努力量下，自然变动被抑制，1948 年以后逐渐减少。

与此同时，渔获物体型变小和平均年龄下降。图序 -2 是以西底拖网渔场主要鱼种鳄蛇鲻和小黄鱼在 1954 年到 1970、1973 年的年龄组成的变化。希望大家能注意到纵轴的对比，我们从中可以看到鱼种在这 20 年间更加年轻化了。

一般来说，因过度捕获产卵的亲鱼而发生的补充型过度捕捞不容易发生。但是，像鲨鱼和鲉鱼这样的卵胎生鱼（在腹腔里产

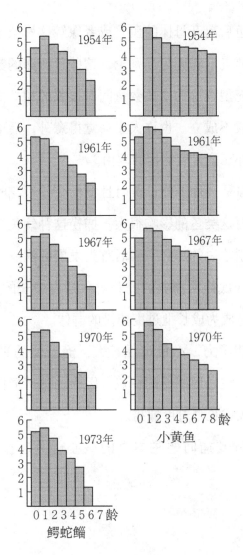

图序 -2　以西底拖网渔场的鳄蛇鲻和小黄鱼的年龄组成的变化

　　注：纵轴的单位：$1=10^1=10$

　　　　　　　　　　$2=10^2=100$

（出处：大滝，1980）

卵，变成稚鱼后离开母体的鱼）或者像鲸这样亲子间有着清楚的数量关系的哺乳动物则另当别论，这些鱼产卵的数量和产卵孵化后成长为补充型资源的幼鱼数量间有很强的相关关系，这一前提在鱼类中一般不成立。也许大家会觉得意外，后面会说明在鱼类中很难发生补充型过度捕捞的理由。

松原平鲉是一种十分长寿而且世代交替很花时间的鱼，成长型过度捕捞对这类鱼的影响很大。捕捞这种幼鱼会带来恒久的影响。就像我刚才说的那样，战后首先发展的渔业——金枪鱼延绳渔业或者以西底拖网渔业的捕获对象是寿命长的金枪鱼和黄鱼，这些鱼类容易成为成长型过度捕捞的群体。

由于渔获压力，小鱼难以长大、渔获物的平均体型逐年变小，这是成长型过度捕捞的特点。因为这种情形持续发展下去的话，就会形成成长型过度捕捞。

如何看待滥捕问题是本书的核心部分，在第五章会再次探讨。

资源是什么

前面提到过几次，本书经常用到"资源"这个词，我事先说明一下。资源是作为人类利用对象的自然物质。资源有三种，第一种是矿物、石油等不可再生资源，采掘使用一些就减少一些。第二种是水等循环资源，从海洋蒸发的水蒸气变成雨水注入地表，一边被人类利用一边经由河川流回大海。淡水的存在形态虽然会发生变化，但总量是一定的，不增长也不减少。第三种是林产、水产（也称渔业）等可再生资源。根据大自然的机能作用，这类资源使用后会再生，因此也称生物资源、可再生资源。

尽管同样是可再生资源，林产资源和水产资源再生产的原理是不同的。如果是天然林，采伐后的林地或是用作耕地或是用作植木林，或者是放置不管，再或是作其他用途，每一种使用方法都是天然林作为天然资源的一次性利用，这种意义上它是不可再生资源。如果是人工林，人工植树，并将其再生，这种是通常意义的再生产的形态，也就是说，这是人工自然物。

水产资源是天然资源，它和林产资源有着完全不一样的再生产原理。捕鱼是间断利用一部分天然资源的经济行为，如果在自然再生产原理的范围内利用的话，也就是不滥捕的话，大自然就会进行再生产。这种意义上，水产资源是唯一可以再生的天然资源，渔业正是利用这种资源的产业。

在此整理一下专业用语，"资源量"的字面意思是资源的数量，"生物量"是生态学的用语，指的是生物群体的存在量，区别于"渔获量"。本书根据世界用语的趋势，尽量使用生物量这个词，但是，生物量的推定实际上是困难的，很多研究将CPUE

作为生物量的指数。

另外，说明一下经常出现的用语。即生物量的"密度制约的变动"对"非密度制约（或与密度无关）的变动"。换句话说，也可叫作"环境起源"的变动对"生物起源"的变动。考虑生物量的变动时，举一个极端的例子，火山喷火时，那里的生物量全部变没了，这和那里的生物密度没有关系，所以是完全的"密度独立"。另一方面，生物的数量增加，生长过密，变得再也不能增加，这就是"密度依赖"，通常这两个要素相互作用，影响生物群体的变动。

从价值生产性到数量生产性

1952 年到 20 世纪 60 年代中期，是日本渔业向世界海域推进捕捞鲑鳟、蟹、金枪鱼、鲸这些价格高的水产品的时代，由此带来的结果是碰触到了资源量的上限。这个时代追求的数量并不多，但是追求高价水产动物，追求价值的生产性。日本渔业在滥捕的情形下，不得不进行方向的转换。

这一阶段盛行数量生产性的渔业，即远洋底拖网渔业、大中型围网渔业等大量捕获价格低且资源量大的鱼。大部分远洋底拖网渔业的渔获物是白令海的狭鳕。以前狭鳕的肉质容易腐坏，难以长时间保存。但是，作为鱼肉制品（鱼糕等）的原料制成冷冻鱼碎肉的技术得到发展后，狭鳕的渔获量激增，在 1972 年达到 304 万吨。冷冻鱼碎肉技术，即泡水后的鱼肉制成鱼肉碎，混合重合磷酸盐和糖类，在零下 35 度以下冻结的技术。

多亏了冷冻鱼碎肉技术，鱼糕得以从曾经的高级礼品变成一般百姓的日常食品。据说战后有三次食品革命。第一次是电饭锅，把人从麻烦的烧柴火"做饭"中解脱出来。第二次是方便面，只要有热水，不管在哪里都能马上吃上热汤面了。第三次就是冷冻鱼碎肉。

但是，日本狭鳕的渔获量，迫于白令海要求国家管辖权的美国和苏联的压力，在 1972 年达到顶峰后开始减少。

代替远洋底拖网渔业且获得快速成长的是捕获表层鱼资源的大中型围网渔业。

本书的主题是表层鱼，表层鱼中的沙丁鱼。基于鱼类生态学对鱼进行分类的方法是多种多样的。栖息在沿岸的鱼叫沿岸鱼，栖息在近海的鱼叫近海鱼。另外一种分类法是以鱼的生息层为标准将鱼分为底鱼和表层鱼。主要在海底生活的鱼叫底鱼，在表层生活的鱼叫表层鱼。代表性的底鱼有比目鱼这样的异体类，鳕鱼及松原平鲉。底鱼的游泳力很小，移动范围窄。以捕捞底鱼为对象的渔业是底拖网渔业。

与此相对，表层鱼的游泳力很强，有大的洄游。大型的表层鱼有鲣鱼、金枪鱼、五条鰤、蓝点马鲛等。主要的小型表层鱼有沙丁鱼、鳀鱼、鲭鱼、竹荚鱼、秋刀鱼这五种。秋刀鱼是用敷网渔获。敷网是指夜间用电筒照射海面，网获聚集起来的鱼。其余的四种，主要是用围网渔获，其中重要的是沙丁鱼和鲭鱼。

围网渔业是指用渔网将鱼群包围，逐渐缩小包围圈从而捕获的渔业总称（图序-3）。现在的围网渔业有以下四种渔业种类：①大中型（木鱼、金枪鱼）单船围网；②大中型（其他）单船围网；③中小型单船袋网；④中小型双船袋网。

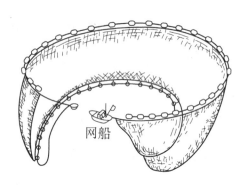

图序 -3　围网渔业
（出处：松下，1991）

围网渔船，通常包括网船、2 艘搬运船、2 艘探索船，共计 5 艘船作业。这 5 艘船全体是作业船的单位，称作"统"，一统、二统这么叫。围网渔船一统是这样大规模的，搭载着大的网或者航海、鱼群探索、渔获所需要的现代精密仪器，经营上需要很大的资本。

围网渔船的主力是单船围网的②和③。渔船的规模，②的规模大概是 50 吨以上，主力规模是 100 吨以上的大型船，③的是以 10 吨 ~20 吨的小型船为主体。1978 年以前，②和③在统计时被归类为大中型围网、旋网（单船围网）。

现代日本渔业的主角是围网渔业，这应该可以称为体现资本制生产的渔业吧。解释过作为围网渔业主要渔获对象的沙丁鱼资源的大变动及其规律后，第六章将阐述围网渔业的变迁。

接下来，从沙丁鱼开始讲述吧。

第一章
沙丁鱼消失了

沙丁鱼

这本书的主角是沙丁鱼、鳀鱼等鱼类。沙丁鱼是什么样的鱼呢？首先，鱼类分为进化程度低的鲛鱼、鳐鱼这样的软骨鱼和硬骨鱼。看鱼类图鉴，其中先记载了软骨鱼，后记载了硬骨鱼，而硬骨鱼中的太平洋鲱、沙丁鱼中的鲱鱼和鲑鳟鱼是一起最先出现的。这是因为这些鱼或者鱼鳔和直肠相连，或者脊椎骨的中央有孔，从而被认为进化的程度低。沙丁鱼是日本人十分熟悉的、有代表性的大众鱼，图 1-1 显示的这种流线型的洄游鱼能存活五六年，体长可达 24 厘米。与此相对，鳀鱼能存活一年半，短命，最大体长 15 厘米。这些鱼的一尾雌鱼都是在一个产卵期可产数万个卵。

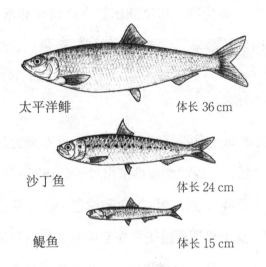

太平洋鲱　　　　　　　　体长 36 cm

沙丁鱼　　　　　　　　　体长 24 cm

鳀鱼　　　　　　　　　　体长 15 cm

图 1-1　太平洋鲱、沙丁鱼、鳀鱼（出处：平本，1996）

钏路　1976 年～1993 年

这是 1964 年初夏发生的事情。道东区域钏路近海的北海道东南水域（道东水域）突然出现了大群鲭鱼。在钏路近海，寒流的亲潮沿着海岸向西南方向移动。在它的东侧，有从黑潮主流分开北上的暖水团（和水团有同样性质的海水团），和亲潮之间形成了复杂的潮境。鲭鱼、沙丁鱼、鳀鱼和秋刀鱼等是暖水系洄游鱼，春天到夏天的成长期在这片营养丰富、食物充足的水域捕获充足的食物，为将来去南方的海域产卵作准备。对它们来说，这里是最佳的觅食地。为什么呢？因为它们是坐着暖水团的摇篮过来，能从生产力丰富的亲潮中捕获作为食物的浮游生物。亲潮包含丰富的营养盐和浮游生物，和黑潮比起来是营养非常丰富的海域。全日本的围网船队都来到这里，大量捕获鲭鱼，钏路的捕获量每年都在增加（图1-2）。最高峰是1970年~1974年，每年达到了20万吨。

但是，并非每个鱼种都能到这里来。只有势力强的鱼种才能利用这个索食场，其他的都被排挤出去了。1976年的初夏，出现了沙丁鱼的大鱼群。这次的沙丁鱼和鲭鱼一样，从南部北上太平洋。1984年，这个事情通过飞机在空中开展的目视调查中得到确认。沙丁鱼从千叶县近海慢慢北上，8月到达道东水域，9月形

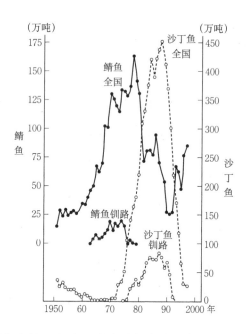

图1-2 鲭鱼和沙丁鱼在日本全国的渔获量和钏路捕获量的变动
（出处：川崎，2005）

成了大渔场。

鲭鱼被沙丁鱼赶走，渔场在 1980 年消失了。也就是说，发生了鱼种交替。在那之后，沙丁鱼的渔获量极速增加，钏路的捕获量的高峰在 1987 年达到了 85 万吨，道东水域全体的捕获量在 1983 年～1988 年超过了 100 万吨。被捕获的沙丁鱼基本上都被脱去油脂制成了鱼粉。钏路林立着水产加工厂，沙丁鱼让其商业景气起来。

突然的变化是 1989 年发生的。鱼群开始减少，渔获量急速减少。最后来到钏路近海的鱼群是 1993 年，仅捕获了 1145 吨后渔场就消失了。沙丁鱼消失了。连续 13 年捕获量称霸日本第一的钏路港，在 30 年间连续大量捕获鲭鱼、沙丁鱼之后，像灭了的火一样沉寂下来。曾经如此多的沙丁鱼究竟去了哪里？

此后，道东水域被用来捕获鳀鱼和三文鱼。同样的事情也在青森县八户近海发生了。

这里有一组有意思的数据。日本鲸类研究所从 1965 年到 2000 年，调查了北海道太平洋一侧捕获的水貂鲸的消化管内容物，1968 年～1976 年大部分都是鲭鱼，1977 年～1987 年是沙丁鱼，然后 1995 年后变成了秋刀鱼。这是鱼种交替最直接的证据（图 1-3）。

道东水域因靠近暖水性洄游鱼分布的一端，鱼群的出现和消失虽然像这样清楚地表现出来，从全日本来看，资源的增加是更

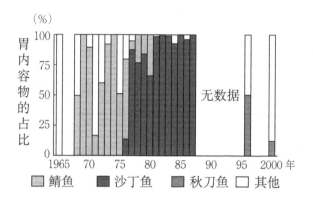

图 1-3　北海道太平洋侧捕获的水貂鲸的消化管内容物的变化
注：关于鲭鱼、沙丁鱼的渔获量参照图 1-2
（出处：水产厅，2008）

早开始，更缓慢减少的（图 1-2）。

　　伴随着沙丁鱼的生物量的增多，其分布区域的也逐渐扩大。日本近海沿岸沙丁鱼的分布区域急剧地扩大了，从之前的日本列岛周边扩大到了日本海全境。也就是说，经过朝鲜半岛东岸、沿海州近海，扩大到了间宫海峡（鞑靼海峡）的深处。从道东水域，经过根室海峡，到达鄂霍次克海，然后扩大到了太平洋东边，边缘到达西经 165 度。极东水域全体的渔获量在 1988 年达到了543 万吨。这一年日本的沙丁鱼渔获量是 449 万吨，是海洋渔获总生产量 1128 万吨的 40%。可见，沙丁鱼是左右着日本渔业的重要资源。

　　如此重要的资源完全消失踪迹距今已有 10 年了。沙丁鱼还会复活吗？

清津　1925 年～1942 年，到战后

实际上，沙丁鱼的繁荣在 50 年前也发生过。进入 20 世纪 20 年代，日本海的渔获开始增加，分布区域向北向西扩大。沙丁鱼资源的增加促进了围网渔业的发展。那时候渔场的中心在日本海，从朝鲜半岛东侧向沿海州扩大。主渔场在朝鲜东近海，1925 年开始捕获，1937 年和 1938 年是捕获量的最高点。渔获的中心在清津，在这个水域有利曼海流这支从沿海州到朝鲜半岛沿岸自东到西的寒流经过，在东侧有对马寒流分成的沿着朝鲜半岛北上的暖流形成的暖水团，正好形成了和道东近海一样的海洋构造。在这个暖水团的大陆侧边缘形成了渔场。对马暖流是在九州南侧与沿着西南群岛西侧北上的黑潮干流分开，穿过对马海峡，进入日本海，并在本州海岸向东北方向流动的暖流。

沙丁鱼于 20 世纪 30 年代在沿海州近海开始捕获，1937 年～1939 年达到捕获量的最高点。总渔获量的最高点是 1937 年，日本周边（包括本州日本海沿岸）的渔获量是 115 万吨，与此相对，朝鲜半岛东岸的渔获量有 139 万吨。沿海州近海的渔获量是 14 万吨，在襟裳岬以西的北海道沿岸的渔获量是 26 万吨，从这一数据也能知道，当时渔获的中心水域在日本海，渔获物的主体在日本海系。清津林立着沙丁鱼的加工工厂，鱼油和鱼粉被大量生产。

　　另一群沙丁鱼在 1 月到 7 月顺着本州日本海沿岸缓慢北上。本队穿过津轻海峡进入喷火湾，在 6 月和 7 月形成了大渔场，之后沙丁鱼移动到道东水域，7 月～9 月在那里被渔获。沙丁鱼此后向西洄游，再次进入喷火湾，在 10 月～12 月期间再次被渔获，余下的经过津轻海峡返回日本海。5 月到达津轻海峡西口的一部分沙丁鱼北上北海道西岸，经过宗谷海峡进入鄂霍次克海，在北海道沿岸被渔获。1934 年喷火湾的渔获量达到了 50 万吨，占到日本全国沙丁鱼渔获量 147 万吨的 34%。

　　20 世纪 30 年代的沙丁鱼和 80 年代的沙丁鱼（太平洋种群）属于不同的日本海种群，它们的移动类型和分布区域全然不同。

　　但是，20 世纪 30 年代的渔业丰收并没有得以长期持续。沙丁鱼群离开，渔获量骤减。渔获量从分布区域的周边减少，朝鲜半岛东岸、沿海州近海在 1943 年的渔获量和北海道沿岸在 1944 年的渔获量都为零。不幸的是，太平洋战争也在同时结束。战争结束后的日本食物十分短缺，当时平民的主要食物是大米和沙丁鱼，但是收成不好导致大米不足，而捕获不到沙丁鱼更是雪上加霜。因此，水产厅在 1949 年 10 月集中"业界的权威者"召开了"沙丁鱼会议"，试图探讨捕获不到沙丁鱼的原因。

　　接下来介绍那个时候提出的主要意见。九州大学的相川广秋教授和日本水产株式会社研究所的笠原昊提出了过度捕捞说，水产厅东北区水产研究所的木村喜之助所长提出了"沙丁鱼不是减少了而是正向近海洄游"一说，东海区水产研究所的中井甚二郎将问题指向熊野滩形成的冷水团。当时沙丁鱼的主产卵场在九州南部沿岸，鱼卵和仔鱼被黑潮运到东边。据说在途中遭遇了在本州南岸形成的冷水团，因而死亡率升高。同时，东京水产大学的田内森三郎教授认为是环境（海况）恶化导致稚仔鱼的死亡，宇田道隆教授也认为是环境恶化加上过度捕捞，大家持有各种各样的说法。但是，问题的焦点在于"是环境还是渔获"。

学术界在第二次世界大战中是锁国的状态。战后，欧美最新的资源学论文才不断流入了日本水产资源学界，其主流是我下面会阐释的平衡理论，也就是渔获导致的资源变动。至此，对于沙丁鱼资源减少的原因，滥捕论占优势。

在这种不明原因的情况下，伴随着一些变化，沙丁鱼的渔获量继续减少，到 1965 年只剩 9000 吨。水产厅水产研究所进行了大范围的海洋调查，调查结果显示，沙丁鱼年度产卵数大概在 22 兆粒以下，非常少，尤其是 1968、1970 年仅有 1 兆粒左右，可以说到了谷底（图 1-5，见后面）。曾经的"海之米"变成了"幻之鱼"。当时，有很多人认为沙丁鱼也许不会复活了。英国著名的海洋生态学、水产资源学者 D. H. Cushing 在之后的 1971 年发表了极东沙丁鱼的资源崩溃是补充型过度捕捞的结果这一学说。

从复活到再次崩溃

如前文所述，沙丁鱼有两个种群。即以太平洋侧为分布中心的太平洋种群和以日本海为分布中心的日本海种群。"种群"是水产资源学的用语，是一个种族中存在的多个个体数变动的单位，分布区域不同，也称"群体"，和个体群生态学使用的"个体群"是一个意思。广泛分布的种群环境是多样的，存在着适应各种各样环境的多数种群。种群之间有交流，在生物量还小的时候是分离的，变大了以后也会有融合。20世纪30年代繁荣的沙丁鱼是日本海种群，80年代繁荣的沙丁鱼是太平洋种群。

太平洋种群的资源增大是从熊野滩到西边的纪伊半岛周边开始的。1967年～1969年，土佐湾出现了沙丁鱼产卵的兆头，1970年发生了大量的集中产卵。1970年产下的稚鱼（又叫1970世代，世代也就是某一年同时产下的群体）到了1岁，1971年出现在纪伊半岛周边的水域。之后在日本海，相同世代的1龄鱼在太平洋侧的能登半岛～佐渡半岛独立出现。

使太平洋系统种群资源增加的真正的大世代是1972世代。这个世代在土佐湾～熊野滩大量产卵，生存率爆发式上升，1973年在熊野滩～犬吠埼近海成为1龄鱼后被捕获。在成为2龄鱼的1972世代产出1974世代之后，产卵数急剧增加，生物量越来越多，分布范围变广，1976年到达了道东水域和日向滩～萨南水域。

即使对于日本海种群，1972 世代群也是大世代群。能登半岛～佐渡岛水域的生物量越来越多，分布区域向西推进，1976 年到达九州西方水域。这样，太平洋种群和日本海种群发生了融合。但是，鱼群并没有沿着日本列岛北进，因为在山形县以北的日本海沿岸基本没有渔获到沙丁鱼。这一点与 1930 年代的繁荣期不同。

在由北上太平洋近海的沙丁鱼形成的道东渔场，在 1976 年～1979 年，沙丁鱼的体长是 15cm～23cm（图 1-4）。这表明有大的世代持续发生作为资源补充，这种现象一直持续到 1980 年。

沙丁鱼在伊豆诸岛周边到九州南的广阔水域产卵，1980 年，日本南岸以西的熊野滩的产卵数突然增加（图 1-5），产卵水域西迁，北边的摄食水域和西南的产卵水域明确分离了。这一年形成的 1980 世代在此时的沙丁鱼繁荣期是最大的世代。沙丁鱼属于生长密度与成长状况密切相关的鱼种，因 1980 世代是巨大世代，沙丁鱼的成长极差，此外，由于 1982 年到 1988 年的六年间沙丁鱼占了渔获物的主体部分，从它们的体长变化可以较为准确地推断出它们的成长状况。

1980 世代迎来了沙丁鱼的繁盛，达到了顶点之后就进入了衰退局面。在那之后直到 1984 年都没有出现大的世代，1985、1986 世代是大世代，1987 世代是中世代，也就到此为止，1988 世代尽

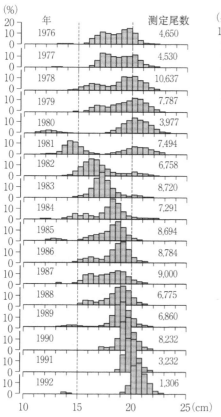

图 1-4　北海道东南水域的沙丁鱼
体长变化

（资料：北海道钏路水产试验场）

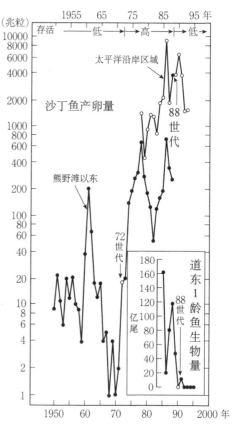

图 1-5　日本太平洋沿岸区域沙丁鱼
的产卵量和道东水域 1 龄鱼生物
量的经年变化

注：熊野滩以西的生物量是太平洋
沿岸区域和熊野滩以东的生物量之差

（出处：川崎，2007）

管产卵 3897 兆粒，但在满一岁之前基本上都死亡了。这种情况也在图 1-5 中显示出来。1987 年以后，渔获对象是 1985、1986 世代，尤其以 1986 世代为主，体长逐渐变大，1992 年的渔获物基本上都是体长 20cm～23cm 的大型鱼。

我说过渔获物的尺寸逐年变小，平均年龄逐年降低（图序 -2）是成长型过度捕捞的特征。沙丁鱼相反，如果幼鱼不增加，尺寸变大，平均年龄逐年增高，说明资源在消减。比较图序 -2 和图 1-4，就能明白沙丁鱼不是由于成长型过度捕捞而减少。

秘鲁鳀鱼资源的崩溃

名为洪堡海流的大海流从南到北流经南美太平洋沿岸。洪堡海流分布着世界上最大的鱼类资源——秘鲁鳀鱼。秘鲁鳀鱼在西班牙语里是鳀鱼的意思。只说秘鲁鳀鱼的话，是指在洪堡海流分布的鳀鱼的一种。鳀鱼有着非常大的资源，在英语里就叫秘鲁鳀鱼。正是围绕着秘鲁鳀鱼，关于会大变动的表层鱼资源的"滥捕"论变得至关重要。

进入 20 世纪 50 年代后期，秘鲁鳀鱼加工成鱼粉的输出产业在秘鲁崛起，渔获量立即增加，1970 年达到了 1306 万吨。这是当时统计的数据，但实际上渔获量已达到 1600 万吨。就一个鱼种来说，这个渔获量是迄今为止最高的世界纪录，1970 年的秘鲁鳀鱼生产量占到了世界渔业总生产量的22%。秘鲁鳀鱼渔获量的急速增加使秘鲁政府获得了大量的税收，收入大量外汇，另一方面，也带来了如此高的生产量会持续到什么时候的恐惧。这种恐惧是对过度捕捞的恐惧。

基于秘鲁政府的要求，FAO（联合国粮食及农业组织）和IMARPE（国立秘鲁海洋研究所）共同开始了秘鲁鳀鱼资源管理的研究。然后，在1970年召开的专家会议上，发出了下面的警告：

"秘鲁鳀鱼的MSY（最大持续产量）是950万吨，其中包含了海鸟消耗的200万吨。每年保持着750万吨以上的渔获，如果这个状态持续下去，秘鲁鳀鱼渔业将会冒着和极东沙丁鱼以及加利福尼亚沙丁鱼渔业资源崩溃一样的危险。"

MSY是Maximum Sustainable Yield的首字母，被翻译成"最大持续产量"，是传统水产资源学的"资源最适利用"的指标。资源的生物量在不进行自然变动的条件下，让生物量变化的只有渔获的强度（渔获努力量），结果就是，生物量和渔获努力量会达到平衡。这个想法称为平衡理论。图1-6横轴表示生物量和渔获努力量，纵轴是资源的自然生产量＝SY（持续产量），渔获努力量是在一定的情况下，持续每年获得的一定的生产量。加强渔获的话，SY会增长。然后，资源的生物量达到最大量（也就是不进行渔获时的生物量）的一半时，SY达到最大。这就是MSY。

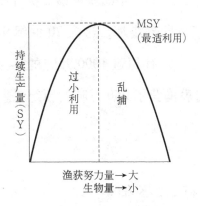

图 1-6 持续产量（SY）和渔获努力量（生物量）的关系

超过 MSY 而进一步渔获的话，SY 会减少。在平衡理论中，这种状态称作滥捕。对于平衡理论，在第五章会详细说明。

但是，因鳀鱼渔业而得到了空前收入的秘鲁产业界、秘鲁政府无视这个警告，1970 年和 1971 年的渔获远远超出"MSY"（图 4-2）。

1972 年，渔获量急剧减少。也就是说，上述警告的妥当性被证明了，平衡理论 = MSY 理论的有效性得到了实证。FAO 这个联合国机构介入时，有迹象表明秘鲁鳀鱼和沙丁鱼由于滥捕而资源崩溃，平衡理论的妥当性被确认的意义非常重大。就这样，平衡理论成为 FAO 公认的理论。

秘鲁鳀鱼的渔获量持续减少，在 1983、1984 年减少到 10 万吨左右。由于滥捕，资源的活力被破坏，也有人担心资源是不是不会复活了。但是，1985 年渔获量第二次开始自然增长。秘鲁鳀鱼复活了。渔获量即刻增加，进入 20 世纪 90 年代，"MSY"何止 750 万吨，也开始有超过 1000 万吨的年度了。在 2006 年 10 月，出现一个月就渔获了 250 万吨的新纪录。秘鲁鳀鱼的高生物量，在这之后也在持续。

会议进展不顺 — 圣何塞

进入 20 世纪 80 年代，国际上开展了关于沙丁鱼和秘鲁鳀鱼这样的表层鱼资源的大变动是由于渔获导致的，还是由于环境变化导致的讨论，主流更倾向于前者。为了讨论这个问题，FAO 于 1983 年 4 月在哥斯达黎加的首都圣何塞召开了"讨论表层鱼资源的资源量和鱼种组成变动的专家会议"。圣何塞属于热带地区，地处海拔 1100 米的高地，气候宜人。世界各地的水产资源学、海洋生态学、气候学、海洋学的研究者在会议上相聚，我也是其中一员。

即便到现在，国际学会的参加者也通常有两类。一些参加者是由学会负担费用，被邀请来作主旨演讲的著名研究者，另一些是由自己负担差旅费来参加会议的其他研究者。在圣何塞会议上，我是后者。当时在文献上久仰大名的有名研究者有很多都出席了会议。这个会议进行了两组对比报告。

一组是美国著名水产资源学者 R. H. Parrish 和海洋学者 A. Bakoon 的报告。他们对世界上多数水域中沙丁鱼的资源变动进行了如下的总括性解析：

"国际上反对渔业的声音比较大是因为它导致了沙丁鱼和鳀鱼的剧烈变动。加利福尼亚海流的沙丁鱼和本格拉海流的沙丁鱼资源是由于剧烈的渔获而崩溃的。众所周知，秘鲁鳀鱼资源由于剧烈渔获导致崩溃。"

这里的本格拉海流指的是沿加利福尼亚南部西岸向北流的涌升流。这一时期（1983 年）是秘鲁鳀鱼资源处于低位的时期。他们引用了世界上有着多数代表性的资源学者的报告，即表层鱼资源的大变动是滥捕的结果来加强自己报告的观点。表层鱼资源的变动是滥捕的结果这一观点是当时全世界学界的主导性意见。

另一组是我做的题为"表层鱼资源为什么会让个体数有大的变动"的报告。展示一下报告中所用的图（图 1-7）。图上显示的是 1900 年~1980 年在黑潮域分布的极东沙丁鱼和在加利福尼亚海流分布的加利福尼亚沙丁鱼以及 1960 年~1980 年在洪堡海流分布的智利沙丁鱼的渔获量变动。从中也能看到，在 1960 年以前还不存在智利沙丁鱼渔业。

渔获量的规模虽然有所调整，但是上述三种鱼的渔获量正好重合。我并不认为这是偶然发生的。我对此做了以下的解释：① 在太平洋分布水域互相远离的三种沙丁鱼的生物量变动是同步

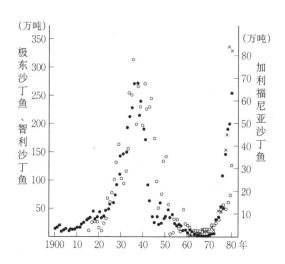

图 1-7　太平洋的 3 种沙丁鱼（极东沙丁鱼、加利福尼亚沙丁鱼、智利沙丁
　　　　鱼）的渔获量变动（1900～1980 年）

注：发现稳态变换端倪的图

（出处：Kawasaki，1983）

的。②这些共同的变动，如果不考虑到太平洋规模的海洋变动以及和此相关的气候变动就没法说明。

也就是说，全球性的气候变动同时影响到遥远水域的沙丁鱼，引起了共同的变动。这说明变动并不是由于渔获引起的。这个报告与资源大变动的滥捕原因说是完成对立的，是对学界主流见解的挑战。我至今眼前还能浮现出听了我报告的研究者们吃惊的表情。这篇论文最早提出这本书的主题，即"稳态变换"，如今已经在国际上被认可了。

Bakoon 在其 13 年后的著作《海的构图》（1996）中，写了下面这样一段话：

"在 FAO 的圣何塞会议上，我们将表层鱼资源的大变动归因于人类技术能力提高后而产生的快速压倒性的资源渔获力。这个想法，是对当时主流科学思想的总结。在同一个会议上，日本的川崎教授对同样的问题展示了非常不一样的见解。即'退一步从更大的立场展望太平洋沙丁鱼的渔获量，大洋全体显现出显著的同步性'。对此我的反应是正当的科学怀疑主义。这种机制是怎样的？大概是市场要素或者技术革新在不同的水域几乎同时作用导致的吧。或者是，表面上的同步化不过是偶然的吧。如果各水域的沙丁鱼将来同时开始减少的话就相信他。"

果然，沙丁鱼在 20 世纪 80 年代后期开始一起减少了（图 4-7）。

Bakoon 接着说，

"川崎回来了。20 世纪 80 年代后期，四个水域（黑潮、加利福尼亚海流、洪堡海流、本格拉海流）同时开始了 regime changes（基本构造）的变化。像 Kawasaki & Omori（1988）主张的那样，将这个和气候结合起来说明，是完全合乎逻辑的。"

从维哥到仙台　1986 年~1989 年

这里提到的 Kawasaki & Omori（1988）指的是我 1986 年 11 月在西班牙的维哥举办的"海洋鱼类资源的长期变动"国际

研讨会上的发言，我当时报告的题目是《太平洋三大沙丁鱼资源
的变动和全球气温的倾向》。维哥是面向大西洋的渔港，靠近葡
萄牙，也有很多日本的渔船进港。

我比较了北半球高纬度区域（64.2度～90度）的平均气温
偏差的变动和太平洋三种沙丁鱼渔获量的变动，两者有非常强的
相关关系。另外，我也比较了黑潮域和洪堡海流域的沙丁鱼渔获
量和鳀鱼渔获量的变动。在 20 世纪 70 年代中期，无论在哪个水
域，都在轮流发生沙丁鱼的增加和鳀鱼的减少。不仅仅是沙丁
鱼，鳀鱼也是全球性地同步变动，这个变动和沙丁鱼的变动周期
有 180 度的不同。这个事情不仅表明了全球范围内同一分类群的
生物量发生了同步的变动，也表现了生态系统发生的变换。

这样的鱼种交替也曾被认为是滥捕的结果。美国沙丁鱼研究
者 G. I. Murphy 在 1966 年说过"没有渔获压力的话，40 年代的
加利福尼亚沙丁鱼的资源崩溃几乎没有发生的可能性。沙丁鱼消
失的生物学场所由鳀鱼填补了，结果是沙丁鱼数量保持了低水
平"。然后，美国的 I. M. Dicky 在 1971 年同样强调"提高鱼种交
替发生准确率只有滥捕了吧"。

我的两个报告总结出围绕表层鱼个体群变动的问题点，也就
是以下三点：

①同一分类群个体数变动的全球同步性

②个体数变动和全球性气候变动的强相关

③鱼种交替的全球同步性

报告结束后，墨西哥 CIB（加利福尼亚半岛生物学研究中心）的所长 D. Yuk. Verda 和美国斯克里普斯海洋学研究所的 R. A. Schwartzrose 来到我旁边。

"有趣！开展国际工作坊吧。"

于是，1987 年 11 月，在 CIB 所在的墨西哥拉巴斯开办了第一次工作坊。拉巴斯靠近加利福尼亚半岛的南端，是一座沙漠中的都市，面朝加利福尼亚湾。在工作坊，墨西哥、美国、南非、日本的研究者齐聚一堂，对于川崎报告的关于表层鱼生态系统的基本构造问题（Regime 问题）达成了一致，Regime 问题工作坊起步了。

Regime 这个词当然是来自于法语的 Ancien régime。这个词指的是 1789 年法国大革命以前的政治社会体制（旧体制）。也就是说，Regime 是指基本的社会体制、政治体制。我们将这个社会科学用语转用在自然科学上。之后，Regime Shift（稳态变换）这个词出现了。意思是"基本构造的转换"。

基于这时候的讨论，1989 年 11 月，在我当时工作的东北大学，召开了"表层鱼资源和其所在环境的长期变动"国际研讨会，很多研究者从世界各地赶来参加。此次国际研讨会的记录已成同名书籍，于 1991 年由 Pergamon Press 出版。在书中，来自南非的工作坊成员 R. J. M. Crawford 说了下面的话：

"太平洋三水域沙丁鱼的渔获量之间有着相互的关联，这强烈支持了渔获量是受气候影响的这一假说。这些水域尽管离得非常远，但是各自对个体群的影响是同时作用的，这一事实表明，（三水域沙丁鱼渔获量的）相互关联原因不在于海洋，而在于大气。在几乎没什么海水交换的北太平洋和北大西洋之间看起来有着相互关联，也证实了以上的结论。"

受到沙丁鱼、鳀鱼上发现的稳态变换的启发，在进入 20 世纪 90 年代后，关于其他海洋生物稳态变换的研究变得流行，这一现象在海洋生物所有的分类群或者生态系统上都逐渐被发现了。

古文献的记录和海底的鱼鳞

水产厅东海区水产研究所工作的坪井守夫在 1987 年～ 1988 年发表的报告《环本州、四国、九州一周的沙丁鱼主产卵场》中，基于千叶县铫子为中心的关东地区的古文献的记载，论述了过去沙丁鱼的丰收期和歉收期。

1936 年高峰期之前的高峰期是江户时代末期的 1864 年（元治元年）。房总半岛沿岸的"海和山都是沙丁鱼的山"，大渔节又称作大渔舞 [a] 这些说法都是从那时开始的。在那之前的高峰是江户

---

a 一种民间娱乐活动。为庆祝渔业丰收，在渔村里举办的以舞蹈为主的活动。

后期的 1807 年（文化四年）。《贞享名主日记》的《年度备忘录》中写道，"九十九里地区饭冈村[a] 今年沙丁鱼丰收，上交了一贯文[b] 的盐沙丁鱼。卯年[c] 8 月中旬开始，三川[d] 下游到入海口，沙丁鱼被大量捕获。9 月中旬到 10 月 13 日，差不多捕获了四百笼，从那时候开始沙丁鱼的价格逐渐下跌，因此获得的收益反而不多"[e]，感慨渔业丰收渔民却贫困。像这样，坪井推算出过去沙丁鱼的高峰期是 1571 年、1651 年、1761 年、1800 年和 1864 年。此外，加上进入昭和年代的 1936 年和 1987 年，平均下来每个高峰期间隔 69 年。

之后到了 2005 年，杉本隆成（东海大学）、黑田一纪、坪井、加三千宣（爱媛大学）发表了《资源变动的历史变迁》（2005），刊载了图 1-8 的沙丁鱼的丰收和歉收史。高峰年是 1580 年（？）、1651 年、1716 年、1836 年、1936 年和 1988 年。可见，间隔年并不具有周期性，并且依据的是定性资料，故生物量的定量推定

---

a　现为千叶县旭日市。
b　古时货币计量单位，原文是"百疋"。
c　1807 年。
d　三川是现在千叶县旭日市的地区名称，有一条叫"三川"的河流。
e　日文原文：「九十九里地区飯岡村今年大漁塩いわし百疋上納、卯八月中旬より三川下より当浦にていわしおびただしく引揚げ申し候、九月中より十月十三日までおよそ籠数四〇〇籠より段々いわし下値に付、金高さのみにこれなく候」

——译者注

是困难的。但是，清楚的是，以铫子为中心的 1545 年开始的沙丁鱼渔业重复了长周期性的丰收和歉收的反复波动。

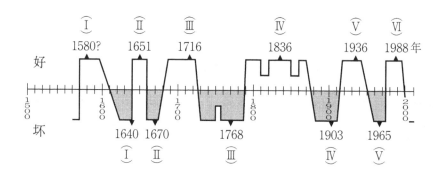

图 1-8　日本沙丁鱼渔业的丰收和歉收史
（出处：杉本等，2005）

在 20 世纪 30 年代丰收期的加利福尼亚，沙丁鱼被做成了罐头和鱼粉。John Steinbeck 的名作 *Cannery Row*（《罐头厂街》）中描述了当时沙丁鱼渔业的兴盛。舞台是旧金山往南 200 公里，两个半小时车程的蒙特雷。

清晨，沙丁鱼船队的捕鱼结束后，即将到达的网渔船鸣响汽笛，吃水很深的渔船缓缓地驶入湾内。满载着沙丁鱼的船靠上了大量罐头工厂伸进湾内的岸。……不久，罐头工厂尖锐的汽笛声响彻整座城市，男人和女人都急忙穿上衣服，来到 Cannery Row，开始工作。……他们工作得很快，洗鱼、切好装罐、调味、做成罐头。城市中响彻着跳动的声音、吱吱的声音、嘎嘎的声音。期间，鱼像银色的水流一样从船舱流入，船吃水逐渐变高，最后变成空船。罐头工厂也响着嘎嘎的声音，继续辗鱼，很快，最后一条鱼也被洗好、切好、调味、装罐，汽笛再次尖锐地响起。……然后，Cannery Row 再次恢复之前的样子。

（*Cannery Row* 井上谦治译）

但是，这种兴盛并没有持续很久。进入 20 世纪 40 年代，渔获急剧减少，Cannery Row 的火焰似乎熄灭了。

60 年代后期，开始了关于海底缺氧层的堆积物——鱼鳞沉降速度时间变化的研究。这是从海底的缺氧层采集柱状的核心样本，将柱状体横切，计算其中的鱼鳞数量，然后计算堆积速率（鱼鳞数 /1000cm^3/ 年）。沉降速率被用作生物量的指数。缺氧层存在于海水垂直混合很少的沿岸海床，在那里鱼鳞尚未被分解，保存完好。沉降物的年代测定用放射性同位元素法。当然也沉降着沙丁鱼以外其他鱼的鱼鳞，这里只讨论沙丁鱼。

这个调查最初是在加利福尼亚近海实施的，后来在南美太平洋沿岸以及非洲大西洋沿岸也有实施，最近在日本沿岸也在实施。近年来，有用鱼鳞的沉降速率推定的生物量数据，也有用与沉降速率无关的其他方式推定的生物量数据，制作两者之间的回归方程式的话，用早些年的沉降速率的数据能够推定当时的生物量。

　　进一步深入调查的是加利福尼亚沿岸的圣巴巴拉海盆的中心（北纬34度15分、西经120度5分）水深580米的海底。图1-9是墨西哥的 T. R. Baumgartner 等人在1992年展示的沙丁鱼生物量1700年间的变化，从图中可见，沙丁鱼在重复着大的长期变动。用频谱分析，变动的周期大约为60年，大的资源崩溃和恢复的波动在1700年间有9次。沙丁鱼的高生物量在一次的循环周期里能够存续30年。

　　在日本沿岸，含有这样缺氧层的海底很少。加三千宜在大分县别府湾深处水深70米的海底发现了这样的场所。这是因为在别府湾底层形成了缺氧水团，鱼鳞的分解受到了抑制。加三千宜在这里采集了沉降物的核心样本（加等，2008）。沙丁鱼和鳀鱼

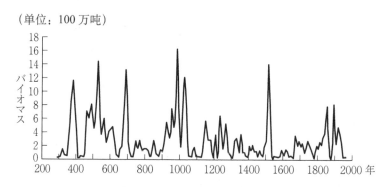

图1-9　加利福尼亚州～加利福尼亚半岛近海的加利福尼亚沙丁鱼生物量在
1700年间的变动

注：生物量是从转换鱼鳞的沉降速率而得到的

（出处：Baumgartner 等，1992）

的生物量发生了很大的变动，都能看到一百年、一千年规模的
变动。

　　这次调查发现，16 世纪前期、17 世纪后期、19 世纪前期、
20 世纪前期都出现了峰值，与从古文献推定的图 1-8 的丰收史和
歉收史基本一致。

沙丁鱼资源变动的机制

　　第四章会详细介绍资源的变动是世代大小的变动，支配世代
尺寸的不是产卵数量（也就是亲鱼的数量），而是能够生存下来
多少，也就是生存率，而支配生存率的是产卵质量（也就是亲鱼
的质量）以及将此现实化的环境条件。比如产 10,000 粒卵的雌性
亲鱼有 1000 尾，也就是能产 1000 万粒的卵。假设其中 10,000 尾
在满 1 岁作为补充资源能够存活下来，生存率是 0.1%。这 10,000
尾[a] 由于自然的原因或者是渔获而死亡，500 尾作为亲鱼生存下来
而产卵，产卵量是 500 万粒。其中有 20,000 粒能存活到满 1 岁。
这样的话生存率是 0.4%。

　　也就是说，尽管亲鱼的数量减少了一半，幼鱼的数量却增加
成两倍。生存率是 0.1% 也就意味着死亡率是 99.9%。生存率是
0.4% 的时候，死亡率是 99.6%。从 99.9% 到 99.6% 仅仅 0.3% 的

————————
a　1 万尾为概数。——译者注

死亡率变化，下一个世代一半的数量就能产生比前一个世代多一倍的数量。我们知道数字百分比变化就是一件大事吧。这就是大量产卵的鱼的世界。

图 1-10 展示了在日本近海渔获的 1937 年到 1990 年的 3 龄鱼被鳞体长（测定从鱼嘴到鱼尾被鱼鳞覆盖的地方）和在道东水域作为世代尺寸指标的 1 龄鱼的时候（两年前）的生物量（尾数）的时间序列。横轴是世代，生物量越大，沙丁鱼的分布越广，洄游到北海道周边水域形成鱼场。没有战前生物量的资料，这张图上也没有显示，1939 年在喷火湾形成了大渔场，因为每年有 15 万吨以上的渔获，1 龄鱼的生物量通常是很大的。特别是，1934 年在喷火湾有了 50 万吨的最大渔获，因为 1933 世代的生物量似乎非常大。1940 年，喷火湾的渔获量大幅度减少到 8 万吨，可以推测 1939 世代的生存量是急剧减少的。

图 1-10 看到的那样，1937、1938 世代的成长非常差。在那之后生物量的 1937 ~ 1971 小世代的成长非常好。然后，1972 年到 1987 年形成了大的世代。这时候尽管沙丁鱼成长得非常差，但从生物量变小的 1988 世代开始成长状况迅速变好。从以上的事件中，我们知道了沙丁鱼的世代尺寸和 3 龄鱼的体长，也就是和成长之间有着非常强的逆相关关系。也就是说，生物量小的时候个体的营养状况好，成长很快，生物量大的时候个体的营养状况差，成长很慢。这意味着什么呢？

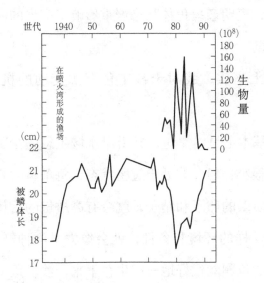

图 1-10　日本近海的沙丁鱼 3 龄鱼的被鳞体长（下）和道东水域的 1 龄鱼
的生物量（上）的变动

（出处：Kawasaki and Omori, 1996）

　　这里有耐人寻味的研究。当时在水产厅西南海区水产研究所
的森本晴之（1996 年）调查了在南日本沿岸 11 月～ 2 月的产卵
期有着成熟卵的沙丁鱼。结果表明，沙丁鱼的生殖腺指数（生殖
腺重量 / 体长的立方）和肥胖度（体重 / 体长的立方）之间；成
熟卵的卵黄容积和肥胖度之间；卵黄重量和肌肉中的脂质含量(%)
之间，都有正相关关系。其次，也知道了卵巢的脂肪含量和肌肉
的脂肪含量之间，卵巢的 EPA（二十碳五烯酸、鱼油中含有的很
多高级多不饱和脂肪酸）含量和肌肉中的 EPA 含量之间，也有正
相关关系。亲鱼的鱼组织的营养状态和生殖组织的营养状态之间

有相关关系，表明亲鱼鱼体状态严重影响了产出的卵子和精子的质量以及数量。

基于以上事实，我对于沙丁鱼资源变动的机制提出以下假说：

沙丁鱼基本上是沿岸鱼。在沿岸水域生息的沙丁鱼，整体的生物量虽然很小，但并非处于过密状态，每条鱼的营养状态都很好，能产高质量的卵子和精子，就会有高质量的后代补充到资源里来。具备这样的环境和条件，就会像太平洋种群 1972 世代那样，高质量的鱼卵能很好地一起生存下来，沙丁鱼从沿岸鱼变身为大洄游鱼。这个机制虽然不太清楚，但和昆虫界（尤其是蝗虫类）中看到的"孤独相"变身为"群居相"是一样的。这称作"相变异"，从"沿岸相"变身到"洄游相"。

这样以来，生物量爆发性地变大，洄游范围也变得更广，沙丁鱼就会处于过密状态。结果是成长变差，亲鱼的质量低下，产卵的质量变低。这种状态一旦超过某个阈值，质量低的亲鱼产出质量差的鱼卵，孵化成的仔稚鱼的生存会像 1988 世代那样，一起变得质量低下。结果就是沙丁鱼又从大的洄游鱼变回了沿岸鱼。沙丁鱼资源增加的机制虽然有密度独立性，减少的机制却有着密度依赖性。

我在寻找支持这个假说数据的时候，很幸运地在松下七郎编著的《鱼油和沙丁鱼》一书中看到了 20 世纪 70 和 80 年代的沙丁

鱼从繁荣到衰退时期的脂质含有率的数据。图 1-11 表现了 1975
到 1990 年道东水域 8～10 月以及 9～10 月被渔获的全长（鱼
嘴到鱼尾底部的长度）19 厘米以上的沙丁鱼成鱼的肌肉平均脂质
含有率的变化。沙丁鱼在冬天到初春产卵，8～10 月是即将产卵
的时候。沙丁鱼进入 10 月会为了产卵而开始南下。像图 1-11 看
到的那样，脂质含有率在生物量增大期初期的 1975～1978 年非
常高，随着生物量增大急剧降低，在高峰期的 1983～1989 年只
有非常低的水平。然后在生物量减少倾向变显著的 1990 年开始
反转上升。

　　关于鱼体脂肪含有量的变动和生物量变动的关系，南非共和
国开普敦海洋渔业研究所的 A. J. Boyd 等人在 1998 年发表了相关

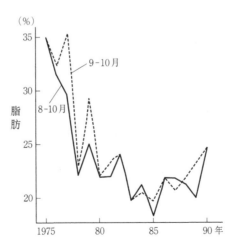

图 1-11　道东水域渔获的产卵前的沙丁鱼成鱼肌肉中的平均脂肪含有率
（出处：Kawasaki and Omori，1995）

么地方都基本上是一样的。水温变化的幅度是从零下 2 度到 30 度。低于零下 2 度海水会结冰，高于 30 度则海水会蒸发，热量被大气蒸发带走。和陆地上的气温相比，我们知道海水温度的变化幅度是多么小了吧。而且，海水因为密度高所以浮力大，生物保持体型或是姿势不需要大的骨骼和能量。同时，海是富含营养成分的"汤汁"。正因为是如此安定的环境，海才能变化缓慢，发生长周期的稳态变换（Regime Shift）。

海里有海流流动。根据海流和水团的性质，世界上的海被区分成不同特性的生态系统。先试着考虑什么是生态系统。"生态系统"这个词最近在哪里都作为普通名词使用。人们在各种各样的语境里使用它，它的含义也因人而异。在这里首先说明科学上的定义，在《岩波生物学事典（第三版）》（1983）里是这样写的：

"包括某个地域所有生物和非生物环境，是一个主要关注物质循环或能量流动的功能系统。它是由生产者、消费者、分解者、非生物环境这四个部分构成的。"

这个定义指出了生物是无法脱离环境而存在的。

美国西北渔业科学中心的 K. Sherman 和 A. M. Duda（2008）将世界沿岸至近海水域分成 64 个 LME（大海洋生态系统）。大部分的世界水产资源都包含在其中。环绕日本列岛周边的 LME 有东海、黑潮、日本海、亲潮、鄂霍次克海这五个。由此我们知道，LME 是用水团的性质来区分的。

还有"生物群落"这个词。这是多种类生物的集合，如浮游生物群落，金枪鱼群落等。

浮游生物的变动

海洋生物可以根据生态被分成三类。Nekton（自游生物）、Bentos（底栖生物）、Plankton（浮游生物）。浮游生物被定义为没有逆流游泳力的生物，包括病毒、细菌、浮游植物、浮游动物乃至海蜇、鱼类中的翻车鱼等。病毒是否是生物还存在争论，这里主要考虑浮游植物（单细胞藻类）、浮游动物（主要指甲壳动物类）。

浮游植物的稳态变换首次被发现是在美国的 E. L. Benrik 等人 1987 年的研究中。他们在北太平洋的亚热带水域调查了垂直方向的叶绿素 a 分布的经年变化。叶绿素 a 是叶绿素的一种，它的量是进行光合作用的浮游植物的量的指标。其结果表明，20 世纪 70 年代后半期以后叶绿素 a 增加到两倍以上。之后还会叙述，这一阶段中 1976 ～ 1977 年是在全球范围内发生稳态变换的有名年度。

美国的 R. D. Brodur 和 D. M. Wear 在 1992 年第一次发表了关于阿拉斯加湾浮游动物的数十年间变化情况的报告。他们调查了

20世纪70至80年代浮游动物的生物量变化，发现进入80年代后数值显著增高，他们指出这有可能是对应了1976年～1977年的稳态变换而发生的变化。

需要特别提到的是，浮游动物生物量的长期数据囊括了20世纪50年代以来本州东面水域的生物量数据的小达（odate）数据库。

农林省（现在是农林水产省）关于海洋环境和生物资源的研究从昭和初期开始，由农林省水产试验场进行，1949年开始分成了全国八海区的水产厅水产研究所。我从东北大学毕业以后，1950年进入其中之一的东北区水产研究所（宫城县盐釜市，以茨城县至青森县的太平洋侧的海洋为研究对象）工作。东北区水产研究所得到了各县的水产测试地点的协助，广泛开展了本州东部的海洋调查，其中有相当大数目的浮游生物样本。负责处理它们的便是小达和子。

浮游生物的采集方法，是由观测船在观测点将一种名为浮游生物网的圆锥形网从船上向海中吊放下去，再拉回船上，将采集到的样本和福尔马林一起放入采集瓶里保存。观测船以大约10海里/小时的速度行驶，不分昼夜每两小时观测一次，航行一星期能得到很多样本。观测船在同时期有好几艘，年度总航海数非常多，能收集到相当多的样本。

在实验室，样本被一瓶一瓶地放在显微镜下观察。生物的种类很多，要将它们分类测体长，计数并记录需要耐心和很好的忍耐力。她用 42 年的时间完成了世界上领先的长期浮游生物数据采集。之后，这份工作也被很好地继承了下去。要收集长期的数据，如此极需耐性的努力是不可或缺的。

图 2-1 是使用小达数据库和之后得到的数据做成的亲潮水域 1995 年~2004 年的浮游动物生物量的长期变动图，不仅生物量有很大的变动，实际上物种多样性（生态系统的多样性）也有很大的变动，尽管图上没有体现出来。其变动与稳态变换相对应（第四章）。

在大西洋，很早就开展了浮游生物量的调查。使用的并不是之前那样用显微镜的细致手法，而是使用 CPR（连续浮游生物记录器）。CPR 是航行中在船尾拖曳的一种仪器，从 20 世纪 40 年

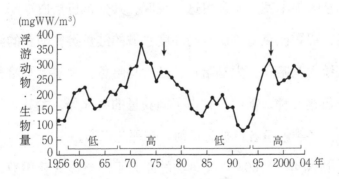

图 2-1　亲潮水域中浮游动物生物量的长期变动

注：向下的箭头是发生稳态变换的 1976 年–1977 年，1997 年–1998 年

（出处：Sugisaki, 2006）

代末开始使用的。它通过将浮游生物过滤到被滚轴不断送出的丝绸带上的方式，记录浮游动物和大型浮游植物的生物量。通常委托行驶定期航线的商船来调查，海洋观测船的调查起着补充作用。

法国的 S. Swissy 等（2007 年）在北海（桡脚类节足动物门）和地中海西部（浮游动物）对生物量长期变动的调查结果表明，20 世纪 80 年代发生了大的变换。但是，详细看的话，北海在 1976 年，地中海在 1974 年，发生了其他大的变化。1976 年～1977 年的全球性的稳态变换在这里也发生了。

鲑鱼的变动和孵化放流

北太平洋的高纬度水域是鲑鱼的宝库。日本、俄罗斯、美国、加拿大很早就开始利用这一宝库。其分布包括白令海、阿拉斯加湾、鄂霍次克海等所有高纬度水域的鲑鱼类。渔获的鲑鱼主要为细鳞大马哈鱼、大马哈鱼、红大马哈鱼、大鳞大马哈鱼、银大马哈鱼这五种，前面三种占了渔获量的大部分，尤其是细鳞大马哈鱼。各类鲑鱼各自拥有母河，在那儿产卵。

从 1920 年～2003 年鲑鱼类的北太平洋整体渔获尾数，可以看出其长周期的稳态变换。变换发生的时期是 1924 年～1925 年、1947 年～1948 年、1975 年～1976 年、1998 年～1999 年。最大的变换发生在 1947 年 ~ 1948 年、1975 年 ~ 1976 年，与第四章将会讲到的北太平洋气候变动指数 PDO（Pacific Decadal Oscillation 太平洋十年际涛动）中出现的 20 世纪最大变换的 1946 年、1977 年重合。

　　日本渔获最多的是大马哈鱼。下面就叫鲑鱼（Sake）吧。渔获方法主要是在沿岸使用定置网。鲑鱼主要以北海道到东北地方北部的河川为母河。回到母河产卵的鲑鱼被捕获并运到孵化场，在那里接受人工授精。孵化的稚鱼在第二年春天会游去海里。在沿岸度过了 1 ~ 3 个月的幼鱼游到鄂霍次克海。1 龄鱼在鄂霍次克海度过夏天之后，秋天到千岛至堪察加半岛东侧的海域来过冬。到了春天，2 龄鱼进入白令海，在那里获得充足的食物，成长变大，秋天到冬天游到阿拉斯加湾。这个时候它们开始成熟，经过白令海到堪察加半岛至千岛，游回到日本的母河。这些鱼主要是 4 龄鱼，也有一些比较快的 3 龄鱼，它们在第二年秋天时回到母河。

　　在 19 世纪 80 年代的北海道，日本的鲑鱼渔获量为 1100 万尾。当时有保护产卵场等自然繁殖的政策，但是回归尾数却开始减少。后来从美国引进孵化放流技术，政策转变为人工孵化放流，但渔获量继续减少，20 世纪前 10 年北海道为 300 万至 500 万尾，直到 70 年代初，大体都维持在这一水平。

　　测定鲑鱼孵化放流成功度的标准是回归率。回归率是用放流

的生物量而体现，这通常没有被完全利用。某个世代的生物量和卓越世代的生物量之间的差就是剩余生产力，放流种苗就是为了利用它。通过这一方式有可能实现对环境的完全利用，从而增加生产量"。

依据这个逻辑，沙丁鱼所有的世代都有可能变成1980世代。这样的话，海洋就总是被沙丁鱼填满了吧。这个"剩余生产力论"是"环境容许力论"的变种。环境容许力指的是"在一定的环境中，某个物种能够生息的生物量上限"。这通常没有被填满，但永远有填满的可能性。这个想法的前提是不存在环境变动。

但是，生物会对不同时候的环境条件物尽其用。环境条件的变换并不单单反应在量上，也会反应在质上。因此，生物会改变利用的方法，最大限度地利用新的环境，这就是稳态变换。

关于20世纪北太平洋的鲑鱼的生物量（推定的，并非渔获尾数）变动，北海道大学的归山雅秀教授指出了一个有意思的事实。从鲑鱼的变动来看，能看出在20世纪30年代和90年代有两个峰值（图2-3）。分别是1946–1947年和1976–1977年稳态变换的之前和之后。两个时期的生物量分别是140,000,000尾和132,000,000尾，没有大的差别。但是在构成上，30年代基本上是野生鱼，90年代则有60%是从日本放流的孵化场鱼。对此，归山教授指出了"大型放流孵化场鱼和小型的野生鱼之间围绕环境产生了竞争，前者占据优势并取代了后者"的可能性。

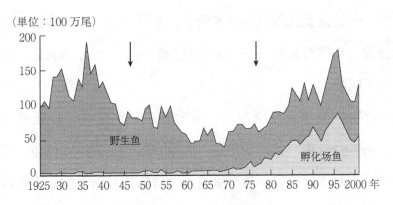

图 2-3　北太平洋的鲑鱼生物量变动

注：箭头是稳态变换

（出处：归山，2007）

如果是这样的话，说明资源并没有因为孵化放流而变多，孵化放流政策亟待重新审视。

金枪鱼也有变动

在生态学里有营养级这个词。浮游植物通过光合作用将水和二氧化碳生成碳水化合物，也就是将无机物生成有机物，因此又被称为生产者。食用浮游植物的浮游动物称为一次消费者，食用浮游动物的小型鱼称为二次消费者。像这样能量或是营养从下面的级别转移到上面的级别，这样的各个级别叫作营养级。从食用动物的二次消费者往上叫作捕食者。虽然也有捕食者食用捕食者的情况，只会捕食而不会被捕食的捕食者群体是营养级最高的捕食者。金枪鱼类就是最高级捕食者。实际上，并不能像这样清楚地分级，食用与被食用的关系是复杂的网状，但作为开篇，姑且这样说明吧。

金枪鱼类属于金枪鱼属，有七种。分别是太平洋蓝鳍金枪鱼、马苏金枪鱼、长鳍金枪鱼、大眼金枪鱼、黄鳍金枪鱼、青干金枪鱼、蓝鳍金枪鱼。具有重要商业价值的是前五种。太平洋蓝鳍金枪鱼分布在北太平洋和北大西洋的中纬度水域以及地中海。马苏金枪鱼和太平洋蓝鳍金枪鱼有着非常近的亲缘关系，广泛分布在南半球的中纬度水域。长鳍金枪鱼分布在南北两半球的中纬度水域，和太平洋蓝鳍金枪鱼、马苏金枪鱼的亲缘关系比较近。上面的三种都是温带金枪鱼。大眼金枪鱼和黄鳍金枪鱼是分布在两半球低纬度水域的热带金枪鱼。就北太平洋而言，太平洋蓝鳍金枪鱼、长鳍金枪鱼分布在黑潮~北太平洋区域，大眼金枪鱼、黄鳍金枪鱼主要分布在沿着赤道而流的北赤道区域。

太平洋蓝鳍金枪鱼和马苏金枪鱼是最大型的高级金枪鱼。其次大的是大眼金枪鱼，接下来是黄鳍金枪鱼，长鳍金枪鱼是最小型的。价格也依次变低。

一般来说，生物所处的营养级越高，其生物量的变动就越小。这意味着它受环境变化的影响很小，而密度要素占其变动原因的比例变高。金枪鱼类因为是最高级捕食者，所以一般认为其变动主要取决于密度，第五章叙述的平衡理论被认为完全适用于它。但事实并非如此。

　　金枪鱼可通过多种方法渔获。主要的渔获方法是延绳和围网捕捞，也有单杆钓和排钩钓。延绳钓是在粗大的主纲线的一些地方装上浮标，长距离水平延伸，从主纲线向海中垂下许多分支线，在分支线下端的鱼钩挂上秋刀鱼或鱿鱼等鱼饵来捕鱼的方法（图 2-4）。

　　观察在西北太平洋海域（赤道以北、北纬 40 度以南、东经160 度以西）进行的日本小型延绳渔业捕获太平洋蓝鳍金枪鱼、长鳍金枪鱼、大眼金枪鱼、黄鳍金枪鱼这四种鱼类的 CPUE（一次航海的渔获量）的经年变化，就会发现四种鱼类都在同一时期发生了生物量的稳态变换。这里需要注意的是，太平洋蓝鳍金枪鱼、长鳍金枪鱼这两种温带金枪鱼和大眼金枪鱼、黄鳍金枪鱼这两种热带金枪鱼变动的方向是相反的。也就是说，发生了金枪鱼群落的变换。同样的变换也发生在太平洋中部，1976 年和 1998

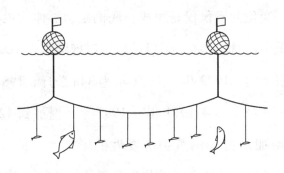

图 2-4　延绳钓渔业

年发生了鲣鱼和长鳍金枪鱼补充量水平的变换。

底栖生物生态系统的转换

美国政府阿拉斯加渔业科学中心的 P. J. Andersen 和 J. F. Platt 在 1970 年到 1997 年对阿拉斯加湾底栖生物的变化做了调查。调查的水域是阿拉斯加西部向西南延伸的阿拉斯加半岛的东南侧水深 200 米以下的大陆架，调查使用的是小网眼的拖网。在这个底栖生物群落，识别出 435 个分类群，但采集物的 90% 属于其中 10 个分类群。即 3 种虾（其中 2 种为长额虾属）、2 种鳕鱼（狭鳕和鳕鱼）、3 种比目鱼类（鲆鱼、鲽鱼类）、毛鳞鱼，还有海蜇。27 年间始终保持最多的分类群是虾类、鳕鱼类和比目鱼类。

这些分类群以 1976 年–1977 年为转折点发生了戏剧性的变化（图 2-5）。虾类急速减少，鳕鱼类和比目鱼类（也就是鱼类）急剧增加。变化的不仅仅是组成。底栖生物群体的生物量也变化很大。这里生物量的指标（CPUE）是用拖网拖拽 1000 米得到的采集量来表示的，1972 年～ 1981 年为 348 公斤，1982 年～ 1990 年减少到 159 公斤，在 1991 年～ 1997 年又增加到 422 公斤。这个时期的增加是由底栖鱼类爆发性的增加带来的。也就是说，1982 年～ 1990 年是谷底，以此为分界线，底栖生物的群落构造

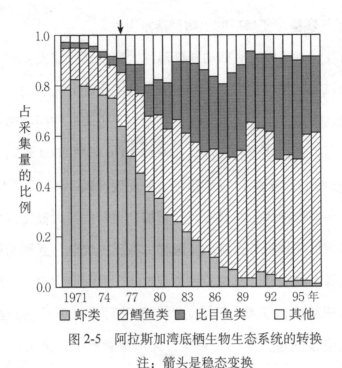

图2-5　阿拉斯加湾底栖生物生态系统的转换

注：箭头是稳态变换

（出处：Andersen and Platt, 1999）

发生了大的变换。

　　以1982年～1990年为界，增加的种类有狭鳕、犬形拟庸鲽、鳕鱼、亚洲箭齿鲽、海蜇、大比目鱼、海星、长绵鳚、鱿鱼 - 章鱼类等，减少的种类有长额虾属的虾三种、其他的虾两种、毛鳞鱼、蟹两种、太平洋鲱、大泷六线鱼、远东多线鱼等。鳕鱼类、鲽鱼类等鱼类急速增加，虾类、蟹类等无脊椎动物急速减少，底栖生物的社会构造从无脊椎动物转换为鱼类。Andersen Platt认为这一变化对渔获可能有些影响，但对整体趋势的影响不大，这是

1977 年气候稳态变换后的生物群落重组。

而且，像这样的底栖动物群落的大变换不仅仅发生在太平洋东北海域的阿拉斯加湾。同样也发生在太平洋另一侧的太平洋西北海域。茨城县水产试验场的二平章利用近海底拖网的渔获记录调查了常磐近海水域和三陆近海水域 1976 年到 2003 年的生物量（一个拖网的渔获量）的变动。结果发现，以 1987 年～ 1989 年为界，有些物种的生物量大幅度增加，另一些则大幅度减少。常磐近海增加的种类有石鲽、高眼鲽、格氏虫鲽鱼、亚洲油鲽、犬形拟庸鲽、黄鮟鱇，减少的种类有粒鲽、亚洲箭齿鲽、松原平鲉类、大翅鲪鲉、虾类。三陆近海增加的种类有黄鮟鱇、亚洲油鲽、远东多线鱼、斯氏美首鲽、犬形拟庸鲽、亚洲箭齿鲽，减少的种类有牙鲆、高眼鲽、大翅鲪鲉、松原平鲉类、粒鲽鱼、虾类。

阿拉斯加湾和本州东面近海在 20 世纪 80 年代末生物量共同增加是多种比目鱼类，减少的是虾类。这和沙丁鱼急速减少时期一致。这一时期海洋环境被认为发生了稳态变换，这点将在第四章说明。

第三章
海洋记忆气候

水温的跳转

前面已经论述过海洋的稳态变换是在 1983 年发现沙丁鱼的变动时被发现的，其实水温的急速变化和它短暂持续的现象之前就注意到了。东北大学理学部的近藤纯正教授调查了 1910 年到 1985 年从北海道浦河（襟裳岬）到八丈岛三根沿岸水温的变化。如图 3-1 所示，在宫城县江之岛和福岛县盐屋埼，1921 年～1922 年水温急速下降，1934 年～1945 年尤其低。但是，1945 年～1946 年两地的水温同时急剧上升。该现象在其他的观测点，即岩手县宫古蛸之浜、千叶县野岛埼也同样观测到了。战后 1946 年～1979 年的 34 年间的水温平均值比 1923 年～1945 年，23 年间的平均值上升了 1.38 度。水温在很长的一段时间内持续上升的

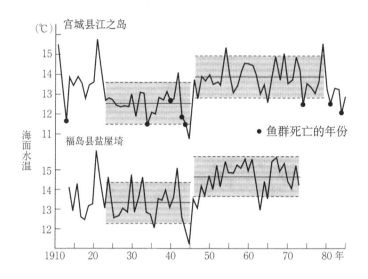

图 3-1　宫城县江之岛和福岛县盐屋埼海面水温平均值的变化

注：江之岛图表中的·表示的是从青森县东岸到

千叶县铫子范围内早春期鱼群体死亡的年份

（出处：近藤，1987）

现象称为"跳转"现象。与此相反，在浦河、宫古、江之岛，在1980年到1981年出现水温急剧下降。

东北地区太平洋沿岸的水温在1923年～1945年达到了最低，这个恰好与东北地区太平洋一侧的水稻因受到寒冷气候的影响出现了严重的歉收的时期相同，而且歉收也集中在这个时期。分别出现在1931年、1934年、1935年、1941年、1945年。非常奇怪的是，该时期也和日本15年战争时期重合。这一时期气温也低。

水温急剧变化现象与经流北海道至东北地方沿岸的亲潮有

关。1980 年到 1985 年正值亲潮大量南下的时期。这个时期浦河、宫古、江之岛的沿岸水温也低。亲潮在 1995 年以后大量南下现象减少。

黑潮沿着日本南海岸向东流，流经路线分为两条，一条是从纪伊半岛开始，在伊豆半岛的南边大转弯，转向南边，呈现蜿蜒而行的"蜿蜒曲折型"；另外一条是沿着四国至本州南岸直行的"非蜿蜒曲折型"。黑潮的流经路线变化很大，在 1976 年 ~ 1981 年大幅度向南偏。1976–1977 年是发生稳态变换的年度。黑潮直到 1991 年呈现蜿蜒曲折的流向，之后呈现非蜿蜒曲折型，持续了十年以上，2004 年又变回蜿蜒曲折型。东海沿岸呈现蜿蜒曲折型时潮水水位达到 20cm 之高。

最近，日本海发生了水温大幅度上升现象。尤其是中部的水温上升问题严重，这一百年间上升了 1.7 度。该水温上升率是一百年间北太平洋水温上升率（0.46 度）的 3.7 倍，这个在日本近海水温上升幅度最大的一个区域，比日本气温的上升率（1.06 度/100 年）也高了很多。对于其原因不是很清楚。欧亚大陆的气温在一百年间上升了约 2 度，日本海中部的水温上升问题也许与这有关。从 20 世纪 80 年代中期到 2000 年 6 月，日本海中部的水温急剧上升，20 年间约上升了 1 度。由此日本海的生态系统发生了很大变化，对于该问题将会在第四章说明。

这样的水温跳转现象曾被认为是地区性的暂时现象，而不是地球环境系统大规模变动的一环。

海洋这个记忆装置

现在，我们知道了海洋数十年循环变动的现象。这一章将叙述海洋是怎样长期循环变动的，在此之前先说明海洋的基本性质。

海洋的质量（也称惯性）和大气相比有着数量级的不同，大约差了300倍。惯性指的是保持运动的性质，质量越大惯性越大。因此，很重的海水一旦运动起来就不容易停止。

并且，海洋的热容量是大气的1000倍。也就是说，地表的热量基本上储存在海里。海洋不容易变暖也不容易变冷。这就是热惯性大，也就是不容易变化。而且，一旦发生变化，就会持续很久。换一种说法，就是海水可以长时间保持之前的状态。

纯水的密度是标准空气密度的1000倍以上。淡水在4度的时候密度最大，含盐分的海水在4度以下密度最大，随着盐分升高，密度最大时候的水温会变低。因此，海水的密度由温度和盐分决定。冬天海面的气温变低，海水从表面开始变冷，密度变大的海水下沉。另外，水的粘度是空气粘度的100倍，性质不同的水很难混合。

对海水的性质有了以上的理解后，让我们试着探讨海洋。海

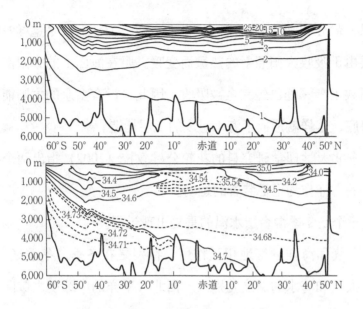

图 3-2 西部太平洋垂直断面的成层构造

上：水温（℃），下：盐分（‰）

（出处：Craig 等，1981）

洋最大的特征在于它的分层构造。图 3-2 是海洋的分层构造，即西部太平洋从北纬 50 度到南纬 60 度垂直切下去的水温和盐分的分布截面。这个图首先映入眼帘的是水深数百米的表层和它下面的中层、深层的差别。在海的表层，南北纬 20 度之间的水温有 25 摄氏度以上，高纬度的水温有 4～5 摄氏度。这个差异越往下层走就急剧变小，到 1000 米以下，纬度的高低就几乎不会带来水温的差别了。因此，海洋的大部分（中、深层）都有着同样冰冷的水，由于纬度的不同，有着显著温度差的暖水会在海洋表层形成二层构造。通常轻的表层和重的中、深层难以混合，不仅是水温，盐分和其他的组成部分也不一样。为什么会是这样？海洋表层由于吸收太阳照射的热量而变暖。照在海面上的太阳能在离海面数十米深处已经完全被吸收，因此，没有多余的太阳能再送往海底，这样就形成了海水温度的二层构造。

东北大学理学研究科的花轮公雄教授（2002）指出两个有代表性的海洋作为记忆装置的运动。

一个是冬季混合层水温的重复出现过程。

大气和海洋频繁地相互作用，特别是在冬季。冬季气温低，由于大气和海水的温度差别大，西北太平洋的中纬度水域向大气释放大量的热量。冬季的时候，海水从表层变冷，表层海水的密度变大，发生了上下方向（垂直方向）的混合。因此，表层形成了均匀混合层，其厚度从一百米到不同位置的数百米都有。

到了夏季，日照变强使海水表面受热。因此，上下混合仅限于非常表层的地方，形成了数十米的薄混合层。结果，冬季形成的厚厚的混合层被夏季形成的薄混合层挡住了与空气的接触，作为亚表层保存在夏季混合层的下面。到了秋季，日照变弱，风变强，发生了表层水和亚表层水的混合，被记忆的上一年冬季的状态再次出现。这样的"重复出现规律"在冬季混合层很厚的水域尤其显著。

另外一个是在亚热带循环系的下沉过程。为了理解这个事情，必须先说明海流。

因为地球是圆的，短波的太阳能在低纬度多，在高纬度少。因此，海水和大气从低纬度向高纬度输送热能，而且，热能按照纬度分布非常均匀。与此相反，地表以长波的形式向外释放能量，这就是图 3-3 展现的内容。吸收的能量和释放的能量之间的差通过海流和风来搬运。另一个被搬运的是水。地球上的降水量在低纬度地带比高纬度地带多，水也通过海流和大气从低纬度流向高纬度，且在各纬度平均化。

但是，向不同纬度方向的热输送情况在大西洋和太平洋是不一样的，即使在太平洋西部和东部也是非常不一样的。这是因为受陆地和海水分布、地球自转以及水蒸气–水–冰之间相互变化等等的影响。海水一边搬运着热量和盐分，一边在地球上循环，其循环包括水平循环和垂直循环两种。在这里首先介绍水平循环，即海流。

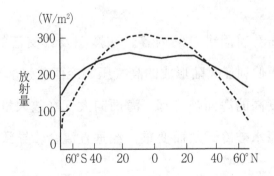

图 3-3　太阳输送到地球的能量（破折线）
和地球向外释放的能量（实线）的纬度分布
（出处：Haar and Suomi，1970）

北太平洋，包括赤道水域，有三个循环系统，从南向北分别是热带循环系、亚热带循环系和亚寒带循环系。在热带循环系，向西流的北赤道海流和南赤道海流之间有赤道返流经过。在亚热带循环系，从北赤道海流延伸出的黑潮开始，黑潮支流→北太平洋海流→加利福尼亚海流→北赤道海流，这样顺时针循环形成一个闭环。在亚寒带循环系，北太平洋海流→阿拉斯加海流→亲潮→黑潮支流，以逆时针的方向形成一个环流。

在亚热带循环系的北部，由于蒸发活动频繁，所以形成了高密度的海水。这个海水下沉，在亚热带循环系内部水深 100 米到数百米的地方移动。也就是说，一些区域海水的"记忆"被运送到其他区域保存下来。

模态水——搬运气候的容器

再详细看前面讲过的内容。在黑潮及其支流的南侧水域，由于受到西伯利亚大陆形成的高气压寒冷西北强季节风的影响，比大气温度高的海面被冷却，海面向大气释放大量的热量。海面附近的海水被冷却从而变重，经垂直混合，导致表层混合层变厚。

到了初夏，海面上的气温变高，海面水温上升，导致冬天形成的混合层被暖暖的表层水覆盖，冬天的水团被保存。这个水团

称作副热带模态水。模态指的是众数，最频繁出现的数值。图
3-4 是模态水形成过程的模式图。之前说明过，海洋的热容量是
大气的 1000 倍以上，副热带模态水可以长时间将冬季大气的变
动情况保存在海洋内部。

　　黑潮－黑潮支流是从西向东流的，有经其南侧向西的海流，
在东西方向形成了伸展出来的长长的顺时针再循环，然后在该

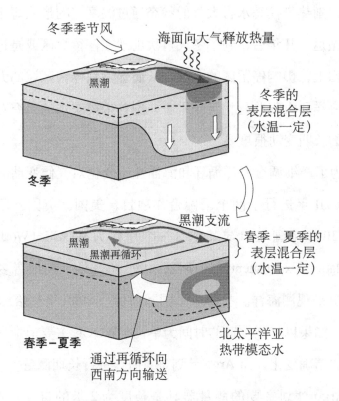

图 3-4　北太平洋亚热带模态水的形成过程

（出处：气象厅 HP）

区域形成副热带模态水。模态水的范围是北纬28度以北，东经135度以东，到达日界线附近。在这个再循环的海流中，有着几个小的逆时针循环海流。从厚厚的副热带模态水的水池顺着这个循环，其中部分海流一点点向南扩散，被西南流向的表层下的海流搬运到北纬20度，扩散到整个副热带循环的西北区域。

副热带模态水的水量和性质受到冬天季节风强弱的影响，与根室和西伯利亚的伊尔库茨克之间的海面气压的差成正比。这样一来，副热带模态水将大气的状态通过温度差的形式每年向海洋中层搬运，几年后，到了冬天再次出现在停留海区或是远离海区的海面上，影响停留区的水温，从而影响到停留区域的大气。因此，海洋和大气总是相互作用着，副热带模态水的研究对于研究气候的长期变动很重要。

为了详细调查海洋循环和海洋性质变化对气候变动的影响因素，近几年进行了两个国际合作项目，美国、英国、印度、日本等30多个国家参与其中。一个是称为WOCE（World Ocean Circulation Experiment）的项目，1990年开始，利用诸多的船舶和卫星来观测海洋。另外一个国际项目从2000年开始，是Argo计划。如果以气候变动的时间为单位，WOCE主要记录海洋某一瞬间的精确变化，而Argo计划是对海洋进行长期测量。

Argo计划主要的测量器具是长度为2米的自动观测设备，

称作 Argo 浮标。Float 就是浮标，漂流在水深 2000 米的地方，10 天观测一次水温和盐分并浮上来，通过卫星将浮标的垂直数据向地面传送。约 3000 个浮标记录整个世界海洋的数据。浮标监测推进了对副热带模态水的研究。例如，通过浮标的监测我们掌握了黑潮到黑潮支流南侧的副热带模态水流到了东经 175 度。此外，还知道了日本东南水域的水温偏差是因为黑潮支流导致，这个海流到达日更线的东侧北纬 30 度周边要在一年之后。

模态水是水温和盐分，以及水平、垂直方向密度一致的水团。它的规模在水平方向有 1000 米，厚度数百米。北太平洋发现了 3 种模态水。自西向东分别是副热带模态水、中央模态水、东部副热带模态水。副热带模态水的水温为摄氏 16 度～18 度，中央模态水是 9 度～12 度，东部副热带模态水是 16 度～22 度。大西洋也发现了模态水的存在。

气象台从 1972 年开始每年的夏天都在东经 137 度线（伊势湾的正南）观测到达赤道的情况，记录了海洋的长期变化。副热带模态水的中间（中核部）水温保留着前一个冬天被西伯利亚高气压的季节风冷却的情况。水温从 20 世纪 70 年代后半期开始上升，到 90 年代末开始下降。这两个时期，就是下一节要讲的内容，是发生太平洋规模的稳态变换的时期。

数十年规模的变动

20 世纪 80 年代中期以后，数十年规模的大气 – 海洋变动引起了人们的注意。气象厅的柏原辰吉是北太平洋研究的先驱，他在 1987 年以"最近环北太平洋区域冬季变冷现象"为题发表了论文。柏原指出冬季的 AL（阿留申低压）在 70 年代以后有活跃的倾向。

1 月份测出的北半球海面平稳气压分布（百帕）的数据分别显示了环阿留申列岛的 AL，位于其西边的西伯利亚的西伯利亚高气压，北大西洋北部的 IL（冰岛低气压），位于其南边的环亚速尔群岛（葡萄牙以西的大西洋）的亚速尔高气压。这 4 个气压是影响北半球冬天大气大循环的主要因素。AL 和 IL 共同形成北半球的副极地低气压带。冬季的中心位置是北纬 50 度、东经 170 度附近，气压在 1000 百帕以下，在夏季北上，几乎不受影响。

柏原进一步指出，和以前相比，热带太平洋赤道水域的海面水温在这一期间变高。这篇论文发表在日本气象学会的日文刊物《天气》上，此论文推动了以几十年为时间单位研究北太平洋的气候变化。接下来，新田勍·山田真悟在 1989 年发表了题为《最近热带海面水温的上升及其与北半球循环的关系》的论文。这篇论文指出，70 年代中期以后热带水域海面水温的上升、对流活动变得活跃、北太平洋上空 500 百帕的气压面的高度显著下降、AL 活动活跃。重要的是，40 年代后期，PDO 指数（第四章）从正数变成负数，1976–1977 年又从负数变成正数。这两个时期是接下来要讲述的重要的稳态变换发生的时期。这篇论文发表在日本气象学会的英文杂志上，是第一次讨论海洋数十年规模变动的正式论文。1990 年，美国的 K. E. Trembers 用同样的主题发表了"最近观测到的北半球数十年规模的气候变动"，之后全世界的研究者开始关注时间规模的气候变动（稳态变换）。

东北大学理学研究科的安中 Sayaka 和花轮公雄将海洋的稳态变换定义为"全球海洋大范围内同步发生的有关联的海面水温变化"，在 2007 年报告了有关 20 世纪的三个全球 1 月～3 月期的历史水温数据组进行的"多重变化点测试"的结果。这个测试是检出时间序列下发生急剧变化的方法。结果，三个数据组全部检出发生变换的是 1925–1926、1942–1943、1957–1958、1970–1971、1976–1977 年这五个时期。这里也出现了 1976–1977 年。

另一方面，也指出了 1988–1989 年北半球发生的急剧变化。但是，热带水域或是南半球发生变化的信号很快消失，持续一段时间观测到的只有北半球的 1 至 3 月份，并非全球性的变化。

图 3-5 是 NPI（North Pacific Index 北太平洋指数）追溯到

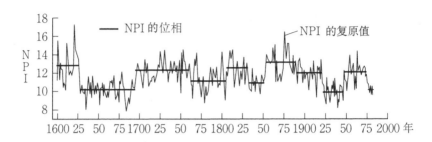

图 3-5　根据年轮记录的 NPI 的复原

注：横线是 NPI 的位相变化

（出处：D'Arrigo 等，2005）

1600 年的复原图。NPI 指的是环绕北纬 30 度～65 度、东经 160
度～西经 140 度的水域在冬季（12 月～5 月）海面气压偏差的
面积加权平均值，是 AL 强度的指标。测量器观测到的海面气压
只能追溯到过去 100 年左右，在它之前有北美太平洋沿岸的树木
年轮记录。年轮的宽度在气候暖的时候变宽，冷的时候变窄。因
此，通过观测期间的观测值和年轮宽度的关系，在只有年轮记录
的期间可以复原 NPI。

　　从图 3-5 能看出 AL 自很久以前就发生数十年规模的变动。
最近明显看出，1891–1922 年的弱的变化时期、1922–1947 年的
强的变化时期、1947–1976 年的弱的变化时期、1976 年以后的
强变化时期，这和下一章叙述的太平洋规模的一系列的变化相
对应。

第四章
地球是一个系统

日本海生态系统的变换

第三章叙述了近年日本海的异常高温现象，与此对应，生态系统发生了大变换（图4-1）。观察沙丁鱼、鳀鱼、鲭鱼、竹荚鱼构成的小型表层鱼群落，1976–1977 年 ~ 1997–1998 年这段水温变冷期间，群落主体为沙丁鱼；而在此前与此后的水温变暖期间，群落主体则为其他表层鱼类，无论质还是量的方面都是完全不同的世界。接下来对于鱼食性的洄游性大型暖水鱼的金枪鱼类、鲣鱼、五条鰤、蓝点马鲛和冷水鱼的鳕鱼类，观察它们1968 年 ~ 2004 年的变化。

20 世纪 60 年代末，五条鰤是洄游性大型暖水鱼世界的主体，另外还有几种金枪鱼类（太平洋蓝鳍金枪鱼、大眼金枪鱼、黄鳍

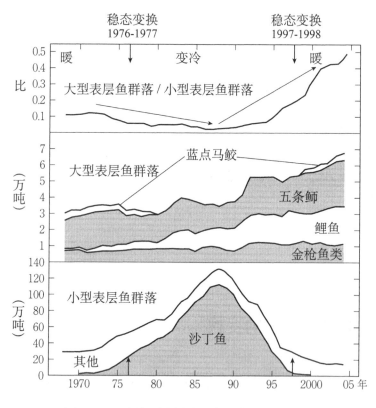

图 4-1　日本海暖水性表层鱼群落构造的转换

金枪鱼）和蓝点马鲛，鱼种构成是单纯的。1980 年发生了大的变换。鲣鱼开始增加。1990 年的时候发生了以下的变换。五条鰤、鲣鱼、金枪鱼类都开始增加，三者达到了相同数量的程度，而且 90 年代末开始蓝点马鲛也补充进来。与全体生物量增加的同时，群落变得多样化。

金枪鱼类的种群组成有了大的变化。到了 1981 年，大眼金枪鱼成为优势种群，太平洋蓝鳍金枪鱼、黄鳍金枪鱼位列其次。

从 1982 年开始，黄鳍金枪鱼大幅度增加成了优势种群，太平洋蓝鳍金枪鱼大幅度减少，成了最少的种群。然后在 1992 年又发生了大的变换。太平洋蓝鳍金枪鱼急速增加，到了 2004 年成为优势种群，大眼金枪鱼则减少，变成数量最少的种群。金枪鱼社会发生了翻天覆地的变化。伴随着 1992 年以后的全球急剧变暖，热带性金枪鱼的大眼金枪鱼和黄鳍金枪鱼没有增加，反而是温带性金枪鱼的太平洋蓝鳍金枪鱼增加了。可能海水的温度达到了对于太平洋蓝鳍金枪鱼来说最舒适的程度。

鳕鱼类和金枪鱼类在同一时期发生了大的变化。其中 1980 年的变化很大，渔获量水平从平均 34 吨到 12 吨，急速减少将近 2/3。下一次变化是 1990 年，减少到了平均 6 吨，是 1979 年以前水平的 1/6。种群组成的变化也很大，从狭鳕主导的世界变成了鳕鱼主导的世界。与鳕鱼相比，狭鳕倾向于选择冷水，用全球变暖很难说明这个变化。

图 4-1 的上面一张图呈现了大型表层鱼群落和小型表层鱼群落之比，看到了像波浪起伏那样的稳态变换。这个比值从 20 世纪 70 年代很高的状态变成 80 年代至 90 年代中期很低的状态，进而又变成之后特别高的状态。

近年来日本海温度升高，而鱼类的生物量变动尤其大，在鱼的社会看来，是完全变成了另一个海洋。环境变动加大，从而显现出对生物的影响，这一问题将在后面解释。

厄尔尼诺和秘鲁鳀鱼

"厄尔尼诺"这个词现在也不陌生。指的是南美热带太平洋岸每隔数年（平均下来约四年）水温上升的现象。厄尔尼诺是西班牙语，厄尔是男性定冠词，尼诺是男孩子。在英语里就是"这个男孩（the child）"，是"神之子"也就是"婴孩基督"的意思。之所以这样说，是因为厄尔尼诺多在圣诞节的时候发生。拉尼娜是表示小孩的女性名词，女孩子的意思。所以与厄尔尼诺相反的状态的时候会用它。"当温暖的海水覆盖在沿南美大陆海岸向北流的冷上升流（见后述）——洪堡海流——表面时，从下层上来的营养成分高的冷海水的上升就被抑制，初级生产力下降，导致大量分布在这个水域的秘鲁鳀鱼的生物量减少，渔获量变少"这个说法在坊间传播。这个说法一半正确一半不正确。原因看图4-2就明白了。

图4-2是1960年~2005年的秘鲁鳀鱼的渔获量的变动。细线是每年的渔获量，粗线是呈平滑波动的每年变动的五年移动平均值。细线的变动是一点一点的，粗线的变动是光滑的，说明了生物量的数十年规模的变动，也就是稳态变换。而且，细线的小变动被认为反映了厄尔尼诺－拉尼娜的转换。

厄尔尼诺的定义各种各样，我将此定义为对秘鲁鳀鱼的生产有最大影响的、在南美大陆的南纬10度~赤道、西经80~90

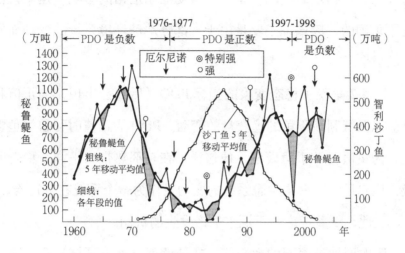

图 4-2 秘鲁鳀鱼和智利沙丁鱼的渔获量变动、
稳态变换和厄尔尼诺现象的关系

度的水域（图 4-5 的 C 水域）海面水温差连续六个月以上增加
的现象。1960 年以后强厄尔尼诺有 5 回。也就是 1972 ～ 1973、
1982 ～ 1983、1991 ～ 1992、1997 ～ 1998、2002 年。其中 1997
年～ 1998 年的厄尔尼诺是 20 世纪最强的。

细线和粗线的差，也就是五年移动平均渔获量得出的年均渔
获量的偏差，正数反映了拉尼娜，负数反映了厄尔尼诺的强度。
1972 ～ 1973、1983 ～ 1985、1990 ～ 1991、1998、2003 年渔获
量的偏差变负值，并大幅度下降。尤其是 1998 年下降得最多，
反映了最强的厄尔尼诺。像这样，秘鲁鳀鱼生物量的变动是大范
围地球环境系统数十年变动和小的厄尔尼诺的合成物，在这个

意义上，生物量的变动"基本上是受厄尔尼诺的影响"这个说法是不正确的，应该说主要是由于一部分地球环境系统的变动而发生的。

图 4-2 呈现了稳态变换的指标 PDO（后面会出现）为正值和负值以及智利沙丁鱼的渔获量的变动。PDO 为正值时秘鲁鳀鱼繁盛，为负值时沙丁鱼繁盛。像这样，在东部热带太平洋，稳态变换、厄尔尼诺、海洋生态系统的变动是作为一个系统在进行着。

在此，试着考虑一下厄尔尼诺发生的机制。

照射到地球表面的太阳能，在低纬度（赤道区域）多，随着纬度变高而变少。在赤道区域空气被加温变轻后上升，向高纬度流动，在纬度 20 度 ~ 30 度附近下降。在地表为了互补，高纬度一侧的冷空气流向赤道方向，形成了一个循环。这种大气的南北循环叫哈德莱环流。赤道流入的大气流，受到后面会说到的地球自转的影响，变成了西风。

人工卫星测定的太平洋赤道区域的海面的长波放射量，这个后面也会讲，因为越向西侧水温越高，西侧长波放射量就多。因此西部热带太平洋的对流活动活跃，频繁发生积雨云，海水产生的热量向大气输送，被加热的大气就上升。上升的大气在赤道上向东移动，在东部下降。这个大气流向西部上升区域形成大规模的循环。这个东西循环叫沃克环流。哈德莱和沃克，是发现各个环流的人的姓名。哈德莱环流和沃克环流带来的太平洋赤道水

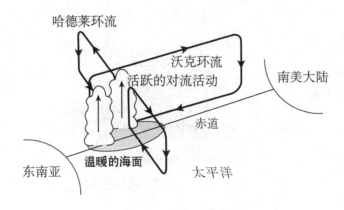

图 4-3　太平洋热带水域大气流动的模式图
（出处：长谷川，2001）

域的大气流模式就是图 4-3。

　　像这样平时南半球低纬度带东侧的气压高，风由东向西吹。这叫东南信风，这个风沿着南美大陆把海水向北运，形成了温堡海流。大气或是海水这样的流体在地球上运动，由于地球自转，北半球的流体运动方向向右偏转，南半球向北的流体运动受到向左的力，这叫科里奥利力。风经过大陆的西侧向赤道吹，由于科里奥利力，表面的海水被推向西边，之后下层涌上来营养丰富的冷水。这叫做上升流。因此，东侧常常比西侧水温低。企鹅或一些海兽通常栖息在寒冷的高纬度区域。但是，在东太平洋的低纬度地区，赤道正下方的加拉巴哥群岛栖息着加拉巴哥企鹅。加利福尼亚的海岸栖息着海豹。

　　正如图 4-4 呈现的那样，随着东南信风往西移动的海水被吹

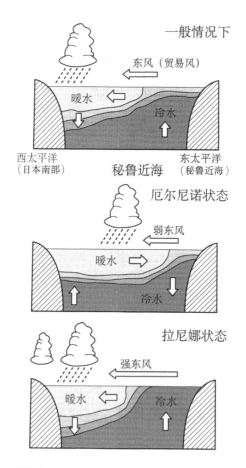

图 4-4　一般情况下、厄尔尼诺现象时、拉尼娜现象时沿着
赤道的海洋、大气的横截面

（出处：长谷川，2001）

到赤道水域西部的表层，形成了所谓的"暖水池"，海面的高度
比赤道太平洋的东部高 50cm ～ 60cm。风变弱的话，失去了阻
力棒，暖水池向东移动，暖水流出，覆盖低温的温堡海流域，东
部赤道水域的水温变高，这就是厄尔尼诺。与此相反，东南信

风变强，暖水池比平常还向西移动，在东部赤道水域上升流变活跃，海面水温变低，这是拉尼娜。图 4-4 是从侧面看到的这个过程。

暖水池作为向大气输送热量的供给源的同时，也是鱼的摇篮。这里有大量的鲣鱼鱼群汇集，形成了大的渔场。暖水池自东向西流动，鲣鱼渔场也一起移动。

地球环境系统的完美调节

为了看到厄尔尼诺和拉尼娜的发生状况，气象厅在赤道太平洋指定了 A、B、C、D 四个水域。B 水域是拉尼娜监视海域。这个监视海域的五个月的海面水温移动的平均差在六个月以上连续增加 0.5 度以上称为厄尔尼诺，减少 0.5 度以下称为拉尼娜。

D 水域最靠西，是暖水池形成的水域。D 水域的水温差的变动和 B 水域相反。这表明了储蓄的暖水向 B 水域流动，或是从 B 水域流回去这一现象。而且，B 水域 1997 年的水温上升非常大，是 20 世纪发生的最大的厄尔尼诺。

厄尔尼诺、拉尼娜现象和沃克环流、海洋的东西变动是相互作用形成的，表示气压东西变化的 SO（Southern Oscillation 南方涛动）和这个变换是对应着的。在南太平洋低纬度带东部的大溪地岛和在西部的澳大利亚的达尔文气压是向反方向变动的。这个变动和东南信风的强度相对应，两个地方的气压差是 SO 的指数 SOI。由于大气和海洋间的相互作用而导致的气候变动称为厄尔尼诺（EN）和 SO 的结合即 ENSO。

如上所述，这种发生在热带太平洋的大气（沃克环流）和海洋（暖水池的移动）以及海洋生态系统（秘鲁鳀鱼的生物量变动和智利沙丁鱼的鱼种交替）相互作用形成的地球环境系统的交响乐，明确展现了地球环境是一个系统这一事实。

太平洋的数十年规模变动

SO 在热带太平洋以短短数年规模发生变动，美国西雅图华盛顿大学的研究生 S. R. Hair 研究了阿拉斯加的鲑鱼生物量的循环变动和太平洋气候变动的关系，发现 1996 年发生了数十年规模的变动。和沙丁鱼一样，这时候也是鱼的变动的研究比环境变动的研究要先行一步。为了排除由于 SO 带来的热带水域的短周期变动，这个变动利用了北纬 20 度以北的北太平洋水温变动的振幅，被称为 PDO（Pacific Decadal Oscillation）。PDO 是太平洋数十年规模气候变动的标准指数。图 4-5 是 1900 年 ~ 2008 年的 PDO 指数的时间序列。图中显示，PDO 指数为正值的暖时期和为负值的冷时期在不断重复。

暖时期叫温暖相，冷时期叫低温相。在这两个相上面，太平

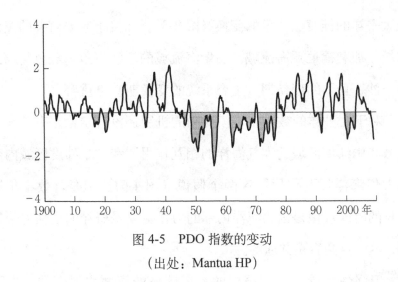

图 4-5　PDO 指数的变动

（出处：Mantua HP）

洋的温暖水域和低温水域的分布在东西方向上是相反的。温暖相也叫积极相，东部太平洋的温暖域（楔域）嵌入了西侧的南北太平洋的低温域（蹄铁域）的正中间。低温相又叫消极相。

　　华盛顿大学的 N. J. Mantua 认为，1890 年～ 1924 年和 1947 年～ 1976 年是冷 PDO 的机制、1925 年～ 1946 年和 1977 年～ 20 世纪 90 年代中期变暖、1998 年有发生变换的可能性。使用了 PDO 的其他研究表明，1905 年 PDO 切换成温暖相，1946 年切换成低温相。然后 1977 年又切换成温暖相。这里 PDO 的切换也是发生在 1946 年和 1977 年。

　　上面研究的共通部分是 1946 年～ 1947 年和 1976 年～ 1977 年发生了从正到负、从负到正的大的变换，这期间是低温相。这一时期和全球气温低下的时期重合。这两个变换时期正好对应了北太平洋的鲑鳟生物量的变换（图 2-3）。和接下来要解释的黑潮水域、加利福尼亚海流域、温堡海流域的"沙丁鱼→鳀鱼"、"鳀鱼→沙丁鱼"的变换期（生态系统的变换期）也重合。

对于太平洋的数十年规模变动的机制还没有定论。有"赤道区域和中纬度区域的大气海洋的相互作用"和"中纬度区域内部的大气海洋相互作用"这两个假说（图 4-6）。但是，数十年这么长的时间规模是因为海洋内部的力量也就是海洋的记忆力带来的，这一点两者是共通的。

①强烈接受了太阳照射的赤道区域的海面水温上升，由于上升气流导致大气的对流活动活跃，形成了强化 AL 的大气循环。同时西伯利亚高气压带来的向东南吹的冬季风（中纬度偏

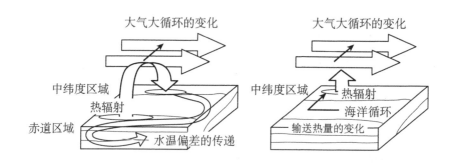

图 4-6　北太平洋数十年规模变动的代表性机制

左：①赤道区域和中纬度区域的大气海洋的相互作用

右：②中纬度区域的大气海洋的相互作用

（出处：气象厅，2005）

西风）变强，北太平洋西部的中纬度水域海面水温变低，形成
了冷的副热带模态水。这个模态水被运到赤道区域，在那里露
出海面，低温水削弱了大气的对流活动。像这样赤道带和中纬
度的大气以及海洋联合，致使热带和中纬度的海面水温以数十
年规模变动。决定数十年这样的时间规模的是中纬度到赤道的
水温差的传递所需要的时间。这是海水本身的移动和波动传播
导致的。

②黑潮随着 AL 和中纬度偏西风的变强，流量增加，北太平
洋西部的海洋循环加强，从南边来的暖海水量增加，向大气释放
的热量发生了变化。那里低压的强度发生变化，结果是 AL 减弱。
这个循环的时间规模是数十年。

对应 PDO 类型的变换，太平洋规模的小型表层鱼的群落构
造的变换被发现。太平洋的三个海流域，黑潮流域、温堡海流
域、加利福尼亚海流域（不包括近年来沙丁鱼渔获中心的加利福
尼亚湾）都分布着沙丁鱼、鳀鱼、秋刀鱼（只限黑潮域）、竹荚
鱼、鲭鱼构成的小型表层鱼群落。这个群落构造和大气－海洋的
变动联动，发生着以沙丁鱼为主的鱼种交替（图 4-7）。

变换的循环有两种。一种是沙丁鱼→鳀鱼→沙丁鱼的循环。
各海流域的两种变动是反相的。对不同海流区域的鱼的种群加以
比较，会发现黑潮流域和温堡海流域的变动是同步的，加利福
尼亚海流域的变动和它们是相反的。第二种是，沙丁鱼→（秋刀鱼）

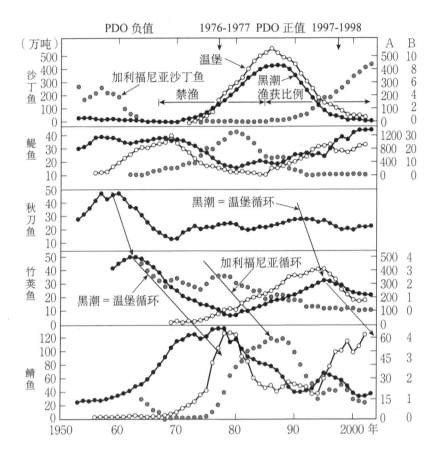

图 4-7　黑潮流域、温堡海流域、加利福尼亚海流域 5 种表层鱼渔获量
（5 年平均）的经年变动

黑潮流域：黑点（左边的刻度），温堡海流域：白点（右边的刻度 A），加利福尼亚海流域：灰点（右边的刻度 B），箭头：鱼种交替的循环。黑潮流域的鲭鱼由于滥捕，1996 年以后呈腰斩状况。

加利福尼亚沙丁鱼在 1967 年～ 1985 年间禁渔后复活。1986 年以后施行了严厉的渔获分配。

（出处：川崎他，2007）

→竹荚鱼→鲭鱼→沙丁鱼的循环，这和第一种循环一样，各鱼种在黑潮和温堡海域同步变动，加利福尼亚海流域和其他两个水域的位相不同，原因不清楚。

在距离较远的黑潮流域和温堡海流域，PDO 的相变化是相反的。不仅如此，在这两个水域，各鱼种紧挨着变动。环境和鱼的关系不是一条直线。但是，在三个海流域有这样壮观的协奏，是令人惊讶的。

最下面的图中引人注意的是，以 1990 年为谷底转而上升的黑潮流域的鲭鱼的渔获量，从 1996 年开始变成腰斩状态。这是第六章叙述的过度捕捞的结果，没能够赶上稳态变换的上升趋势。

太平洋鲱类的鱼和环境变动的交响乐

反复大变动的太平洋鲱、沙丁鱼、鳀鱼，在硬骨鱼类中都属于进化水平低的太平洋鲱类。进化水平低的鱼类尤其有大的生物量变动，这件事耐人寻味。沙丁鱼、鳀鱼是暖水性鱼，分布在中纬度水域，与此相对，太平洋鲱是冷水性鱼，生活在北半球的高纬度水域，没怎么和沙丁鱼混合存在。在黑潮水域、加利福尼亚海流域、温堡海流域、本格拉海流域这样生产力很大的世界范围内的中纬度水域，大个体群的沙丁鱼和鳀鱼在一起生存着。

这 4 个水域中除了黑潮，其余 3 个水域都是大陆西侧的上升流区域，生产力很高。海流流经南北方向，海面水温等温线也是南北走向，东侧（海岸侧）水温低。黑潮流域和自北而来的亲潮一起形成极前线流域，那里生产力很高。等温线呈东西走向，水温北侧低。

太平洋鲱是鲱属，沙丁鱼是拟沙丁鱼属，鳀鱼是鳀属，水域不同，种群也不同。太平洋鲱在北大西洋的资源比北太平洋的资源多得多。沙丁鱼类两种群的生物量由于水域不同有着很大的差别。在北太平洋西部的黑潮流域，沙丁鱼有非常大的生物量，进行着大的变动，鳀鱼的生物量和它的变动很小。在北太平洋东部的加利福尼亚海流域，两者都有大的变动，生物量却没有这么大。在南太平洋东部的温堡海流域生产力非常高，两个种群都有大的变动，尤其鳀鱼的生物量和它的变动很大，是世界上最大的渔业资源。在南大西洋东部的本格拉海流域，两个种群都有大的变动。

图 4-8 呈现了关于这些太平洋鲱类鱼在世界上的主要分布区域，显示出 19 世纪末开始的渔获量长期变动。向下的箭头是 PDO 发生变换的时期，也就是 1924–1925、1946–1947、1976–1977、1997–1998 年这几个时期。其中 1946–1947、1976–1977 年是 20 世纪发生主要的大气 – 环境系统变动的年度。1946–1947 ～ 1976–1977 年的期间，是 PDO 的低温期，蹄铁域（北太平

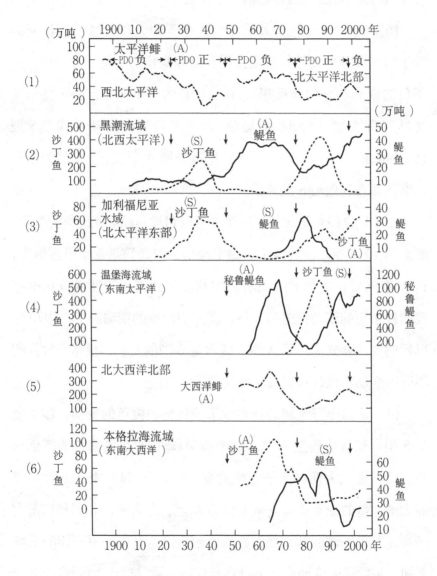

图 4-8　世界海洋太平洋鲱类渔获量（5 年移动平均值）的长期变动

注：↓ 是 PDO 的变换点。

洋的中西部到北部）比楔域（北太平洋的东部）温度相对高，又称 20 世纪气候变动的核心期（中核期）。

图 4-8 的（1）是北太平洋的太平洋鲱，（2）是黑潮流域的沙丁鱼、鳀鱼的变动，可见太平洋鲱和鳀鱼的变动十分相似，沙丁鱼的变动和它们呈反相。（1）、（2）的太平洋鲱、鳀鱼型的变动样式称 A 型（Anchovy 鳀鱼），沙丁鱼型的变动样式称 S 型（Sardine 沙丁鱼）。（1）和（2）在核心期 A 型繁盛，S 型处于低水准，而在这前后 S 型繁盛。

图 4-8 的（3）是加利福尼亚沙丁鱼和加利福尼亚鳀鱼的变动。鳀鱼和 1970 年以前的沙丁鱼的主渔场在加利福尼亚太平洋沿岸，1970 年以后沙丁鱼的主渔场在加利福尼亚湾。20 世纪 30~40 年代的沙丁鱼的变动样式是 S 型，和黑潮流域的变动同步，1970 年以后的变动样式变成了 A 型。鳀鱼是 S 型的变动，根据鱼种群的不同，变动的位相和黑潮流域交换了。

（4）是温堡海流域的智利沙丁鱼和秘鲁鳀鱼的变动，沙丁鱼是 S 型，秘鲁鳀鱼是 A 型。这个类型和（2）黑潮海域的完全一样。（5）是北大西洋太平洋鲱的变动，是和（1）中在北太平洋的太平洋鲱的变动样式完全一样的 A 型。北太平洋北部和东南太平洋，北太平洋北部和北大西洋北部，这水系完全不一样的水域之间，生物量的变动样式能重合且保持一致，这令人惊讶。

（6）是流经南大西洋非洲西海岸沿岸的本格拉海流域的沙丁

鱼和鳀鱼的变动，在这里沙丁鱼是 A 型，鳀鱼是 S 型的变动。和
（2）、（4）的位相是同样的，鱼种在交替。

　　如同以上所看到的那样，在世界上任何一个水域，包括相应
的鱼种的交替，太平洋鲱类在全球规模上进行着同步的变动，这
是受气候、海洋的变动而驱动的。环境变动奏响了乐器，太平洋
鲱类的鱼在地球规模上合唱交响乐。地球是一个系统。

从环境到鱼类的生物学增幅

　　稳态变换最初是在沙丁鱼和鳀鱼的变动中发现的，作为环境
变动指标的 PDO 诞生于鲑鱼的研究。这意味着气候的信号是从
海洋生态系统里发出的。稳态变换是气候变动被传到生物那里，
由生物增幅而发现的。

　　例如，作为 AL 强度指标的 NPI（北太平洋指数）的平均值
变动的振幅仅有数百帕，非常小。日本本州东方的浮游动物的
$1m^2$ 的湿重量的平均值，振幅在 50mg ～ 400mg，有数倍的差别。
食用浮游生物的表层鱼的生物量的振幅，竹荚鱼的话是 10 倍，
鲭鱼的话是 20 倍，沙丁鱼或是秘鲁鳀鱼的话是数百倍。但是，
食用这些表层鱼的营养阶段最高的金枪鱼类的话是数倍。观察同
样作为最高位捕食者的大西洋鳕鱼的生物量，系统群的不同会导
致差异，振幅从数倍到最大十倍不等。

整理如上所述的内容，物理环境→浮游植物→浮游动物→浮游生物食用鱼，随着阶段上升（也称自下而上），变动的振幅变大，而越往上反而越小。重金属等浓度从环境水到最高位捕食者（在陆地上是猛兽类或是猫科类的哺乳类，在海里是金枪鱼类或是鲸类）越往上就变得越高，这称作生物学的浓缩。像这样在海洋里随着阶段的自下而上，海洋生物的物理量或是生物量的振幅变大，我想将其称作"生物学的增幅"，和浓缩不一样的点在于增幅在沙丁鱼鳀鱼的阶段会停止。

为什么沙丁鱼鳀鱼变动的振幅特别大呢？这和它们的食性有关。作为同样大生物量的暖水性表层鱼的秋刀鱼、竹荚鱼、鲭鱼，它们都只食用浮游动物。但是，沙丁鱼和鳀鱼是在食用浮游动物的同时，也能食用浮游植物的特殊鱼类。

陆上自然生态系统的草木得以存在是因为食用植物的动物被食用动物的动物控制着。食用植物的动物由于常常面临着肉食兽的捕食压力，肉食兽经常是饥饿的状态。在日本，由于鹿带来的草和树木的食害经常成为话题，这是因为食用鹿的肉食兽灭绝不复存在，鹿过度增加了。和食用动物的动物控制食用植物的动物这种陆上生态系统不同，在海洋生态系统，食用植物的浮游动物控制着浮游植物，浮游植物面临摄食压力，浮游动物常常是饥饿状态。鱼类为避免和浮游动物竞争食物，会选择食用浮游动物，大多会成为肉食者（陆地上的虎和狮子）。专门食用浮游植物的海鱼基本不存在，但是沙丁鱼类是特别的组，也食用浮游植物，尤其是沙丁鱼鳃上长着"鳃耙"这个过滤装置的眼睛，会随着发育变细，从食用动物的浮游生物发生变化，变得可以过滤浮游植物（图4-9）。

川崎健·熊谷明在1982年从福岛县到道东的广阔沿岸水域，同时调查了多数沙丁鱼样本的胃内容物和其生存环境的浮游生物组成，①沙丁鱼的胃内容物很好地反映了环境浮游生物的组成；②确认了比起浮游动物，沙丁鱼多食用浮游植物。因此，沙丁鱼可以利用广泛范围内的浮游生物分类群，在鱼类中和太阳能最接近，有着极其大的个体数变动，也能够最大限度让气候变动增幅。

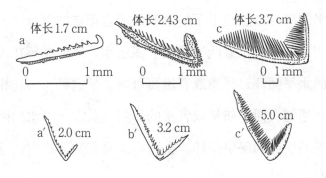

图 4-9　随着发育，鳃耙构造的变化

注：a,b,c 是沙丁鱼，a', b', c' 是加利福尼亚沙丁鱼

（出处：中井，1938）

IUCN（世界自然保护联盟）的濒危物种红色名录中的 CR（极危）的数值基准是"十年或者三个世代的减少率在 80% 以上"。用这个基准来看的话，沙丁鱼的 1988 世代是 1987 世代的数百分之一，一年减少了一个世代。因为有了这样大的变动，沙丁鱼的 1998 世代变成了超级 CR 的超灭绝危机种。

地球上大气和海洋结合起来的循环

驱动地球气候变动的中心区域是从北极地方到北大西洋北部的区域。它起源于北欧海的狭窄水域，是全世界搬运热量的传送带，从热盐环流的话题开始吧。如刚才所述，海洋中海水的循环分为水平循环（风成循环）和垂直循环（密度循环）。风成循环是由于风带给海面热量从而引起的表层循环。如第三章所述，水深数百米的海洋表层是上下的水对流混合形成的混合层，在下面水温急剧变化形成水温跃层隔离了深层水。风成循环在表层是输送热量的水平循环，黑潮或者墨西哥湾流是这种。与此相对，密度循环是通过海面的热量或者水的作用（蒸发·降水）因海水密度的地域差引起的深层循环。密度由水温和盐分决定，这个循环叫热盐循环。

具备上层海水能向下层沉积条件的海域是很少的。在上层海水密度比深层海水密度大的海域，海水可以向海底沉积。

在北大西洋北部，从墨西哥湾流导出的暖水流会流进去。在地球上像这样暖水被搬运到高纬度的情况也只有这里，随着水流大部分被搬运到北极海的热量都经过这个路线。北欧或者加拿大的大西洋侧很温暖是因为面向着这个路线。北上的途中海水被大量蒸发，热量和水被大气夺走，变得低温高盐，形成高密度的水且向深层沉积。地球上大部分向深层沉积的水都是在这里形成的。

像这样形成的深层水叫 NADW（北大西洋深层水）。NADW 南下大西洋西部到达南极大陆近海。在面向着南极大陆的大西洋一侧的威德尔海或者罗斯海的海底，沉积着比 NADW 还冷的且高密度的、在地球上只能在这里形成的 AABW（南极底层水）。NADW 在 AABW 上层，和它的一部分向东流。深层水的一部分进入印度洋，北上非洲东部，大部分北上澳大利亚的东部到达北太平洋北部。到达印度洋北部、北太平洋北部的深层水浮到表层，形成高温的表层流，搬运热量回归北大西洋北部，然后向大气中释放热量再次向深层沉积。这个过程的一个循环据说要 1000年～2000年。

这个宏大的热盐环流叫做传送带。这个概念模型是美国哥伦比亚大学的拉蒙特·多赫蒂研究所的 W. S. Blocker 在 1994 年开展研究的，给最近有关气候变动性质的思考带来了不可估量的影响。这个模型过于简单，现实世界是更加复杂的，这个模型为考虑热盐环流的气候学意义提供了出发点，尤其是巧妙地说明了表层流域向极地方向输送大量热量的机制。

热盐环流的强度也是以数十年规模变动的。为了理解它变动的机制，先说明 NAO（North Atlantic Oscillation 北大西洋涛动）。

NAO 是和 ENSO 相似的现象。18 世纪以来，在冬季格陵兰岛的西部非常温暖的时候，北欧非常冷，这一点众所周知，前者冷的时候后者很暖和。吉尔伯特·沃克在 20 世纪 20 年代发现这种跷跷板现象，这就是 NAO。

如第三章所述，在北大西洋北部冰岛周边有 IL，其南边的亚速尔群岛周边有亚速尔高气压，这之间有很强的西风。葡萄牙的里斯本和冰岛的雷克雅未克之间的冬季（12 月～ 3 月）海面气压差用长期（1964 年～ 1993 年）平均标准偏差相除的值是 NAOI（指数）。NAOI 是偏西风的强度和海面释放热量的指数。图 4-10

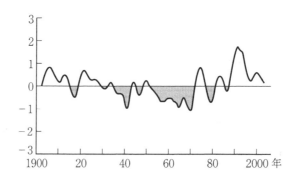

图 4-10　NAOI（北大西洋涛动指数的变动）

（出处：Wikipedia HP）

是 1900 年 ~ 2004 年的 NAOI 的变动，是以数十年的时间规模来变动的。NAOI 在 20 世纪 40 年代末 ~ 70 年代初是负值，和北太平洋的 PDO 相对应。

NAO 通过大气 ~ 海洋的相互作用，和热盐环流有很大的关系。决定世界气候的北极海 ~ 北大西洋北部水域是有着非常微妙特质的水域。被运来的热量的起源在哪？在那里，热作为显热以及潜热又有多少被搬运到大气中？尤其是北冰洋的冰和格陵兰岛的冰床解冻后，在那里会对下沉海水密度有很大的影响。这里的沉降水有着非常微妙的平衡。

北大西洋北部并非哪里的海水都会向深海沉积，沉积的水域有两个地方，北欧海的格陵兰海和南部的拉布拉多海。在格陵兰海形成的深层水，穿越格陵兰和冰岛之间的丹麦海峡的海领而南下。拉布拉多海形成的高密度水比格陵兰海形成的水密度低，所以在它上面，两者构成了 NADW。拉布拉多水越是寒冷的冬季形成的越多，这个变动是被 NAO 驱动的。这两个地方的对流（垂直混合）的相对强度和这里形成的海水性质，以数十年的规模发生大的变化。两个水域对流活动的交替，是由于大气活动的变化给海洋带来的直接影响而发生的，是海洋对 NAO 的强制作出的回应。在 NADW 形成区域发生的周期性变动对北大西洋北部热量的移动有很大的影响，也对海洋表层的热分布有大的影响。结果就是，以数十年的规模发生海洋到大气热量的输送变化，对全球性的气候有很大的影响。

热盐环流的大西洋部分叫做 MOC（Meridional Overturning Circulation 进向翻转环流）。这是从沿着子午线的北大西洋到南大西洋的大的垂直循环。海面水温是 MOC 强度的指标。除去人为的地球温室效应的影响，利用"摄氏度/100 年"的单位来表示。太平洋东侧的负偏差的楔域插进去了西侧正偏差的蹄铁域。在 1980 到 2004 年期间的大西洋，北大西洋是正偏差，南大西洋是负偏差。这说明了北大西洋发生的海面水温变动的位相和南大西洋的位相是相逆的，也表明了北大西洋的变动比南大西洋在时间上要晚。

需要注意的是大西洋和太平洋的不同。大西洋水温变动的位相，南大西洋和北大西洋相反，在太平洋、东太平洋和西太平洋相反。

图 4-11 阴影上的曲线是 1925 年～2000 年的 NAOI 的变动。粗线上的弯曲是海面水温在北半球和南半球间之差的时间序列，NAO 的变动大约晚了 10 年。图 4-11 上面的图呈现了拉布拉多海上对流的厚度，由于海中两个等密度面之间距离的变动，越厚就形成越多的沉降水，和图 4-10 的 NAO 的变动联动着。像这样，NAO 的变动节奏通过热盐环流向全世界传递。

在大气方面，北太平洋和北大西洋的关系也清楚了。北大西洋的 IL 和北太平洋的 AL 是在冬天一直停滞着的大规模低气

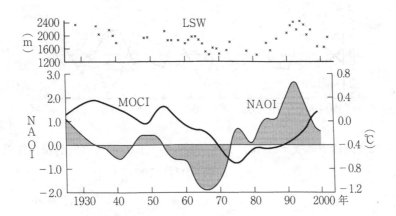

图 4-11　LSW（拉布拉多海水）的厚度变动（上）和冬季（12 月～3 月）
的 NAO 指数的变动和 MOC 指数的变动（下）

注：LSW 是拉布拉多海域沉降强度的指数，等密度面之间的距离

（出处：Latif 等，2006）

压。两者夹着北极对峙着。冬天（1 月）在 AL 发生的变动引起
了上空大规模的大气波动，经由北美大陆到达北大西洋，约一个
月后，IL 的强度发生变化。如图 4-12 所示，两个低气压的强度是
跷跷板关系，这说明了北太平洋和北大西洋两个低气压是相互影
响的。

世界上哪个部分驱动着北大西洋的大气呢？北大西洋的大气
变动的起源曾经被认为是北大西洋自身。但是，北大西洋的海面
水温和上空的热容量的变动是不足以引发 NAO 的。

直到最近，我们弄清楚 NAO 是被印度洋和太平洋的热带水
域的海面水温的变动驱动的。印度洋和太平洋的热带海洋的水温

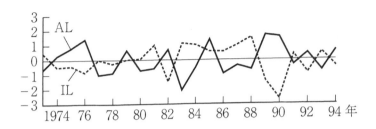

图 4-12　阿留申低气压（AL）和冰岛低气压（IL）的强度间的跷跷板关系
（出处：本田、中村，2001）

变动改变了热带降水和大气中潜热的放出类型以及释放，这驱动了高纬度地区大气循环的变动，影响了远离着的 NAO 的空间构造。由于太平洋热带水域的大气 – 海洋的变动，表现了和存在着的 ENSO 的关联。印度洋和太平洋的热带海洋的海面水温的缓慢变化引起了 NAO 的相变。

20 世纪后半期，观察和地球上的冬季（12 月～ 2 月）海面水温的 NAOI（73 个月的平均移动）的时间序列对应的回归线，热带水域的海面水温对应暖时期和正的 NAO 的相，可见北大西洋的气候变动来自热带水域。这个情况已经利用理论模型的实验来确认了。

图 4-12 上 AL 和 IL 的变动是逆相关的。在北太平洋，和 AL 的强弱相对应的循环偏差在 1 月显现出来，这个影响作为上空的大规模的波动，形成了北美大陆和美国南部上空的高气压性的偏差。到了 2 月，这里展现了其他的波动，形成了北大西洋的格陵

兰岛南部的低气压性偏差和欧洲上空的高气压性偏差。北大西洋上空的偏差加大，海上的 IL 的势力发生变化。通过这个，太平洋到大西洋的"连接桥"完成了（海洋科学技术中心，2001）。

因此，地球上的海洋和大气是连着的，作为一个系统在变动。

第五章
在被隔断的海——《联合国海洋法公约》和渔业

海洋自由还是海洋分割

以上论述的世界各水域的海洋生态系统，即鱼类群落进行数十年规模的变动，是由于大气－海洋的变动而被驱动的，而且，从地球环境方面解释了各个变动并非分散的，是整个地球的大气－海洋－海洋生态系统作为一个系统在变动的情况。这一章将接着从人的方面说明要怎样利用作为地球环境系统构成部分的渔业资源，迄今为止的利用方式有什么样的问题以及必须怎样改善。

海洋和生存于其中的鱼是谁的资源，对于人类来说，这自古以来这就是大问题。人类对此事的态度也有着很大的变化。古代的《罗马法》规定，"根据自然法，海洋是所有人类的共有物，和空气一样并非谁所有，它的使用向万人开放"。也就是"人类的共有财产"这个思想，这个思想进入中世纪之后发生了变化。

从中世纪后期到近代初期，在欧洲，对于海洋的国家主权主张变得强烈。这是因为海洋国家为了贸易而独占航路，想要获取很大的利益。海洋国家最初主张对本国周边的海具有所有权，到了15世纪末海上贸易扩展到全球范围，出现了提出有大洋所有权的国家。当时两大海洋国之一的西班牙主张拥有大西洋的西半边和墨西哥湾以及太平洋的所有权，另一个葡萄牙主张拥有大西洋东半边和印度洋的所有权，要求经过的其他国家的船舶有这两国的许可。以上是最初的海洋分割。

进入17世纪，英国的詹姆斯一世站在沿岸国的立场，对于作为海洋国发展起来的荷兰采取了敌对政策，1609年发表了"渔业宣言"，对在英国近邻在北海航运的渔船征税，强制其取得英国国王的许可状。那之后开始了沿岸国对海洋国的斗争，是史上最初的关于渔业资源的主权宣言。这样的两国对立发展成了是否能拥有海洋所有权的法律论争。代表荷兰的政客格劳秀斯发表了《海洋自由论》，主张不能对海洋拥有所有权。这是"海洋自由"的思想。对此，英国的政客赛尔登用《闭海论》来回应，主张可以对海洋拥有所有权。这是"海洋分割"的思想。这两种想法，在那之后也继续争论了下去，现在仍然是论争的主题。

格劳秀斯主张的是海洋不能占有，所以并不能是谁的所有物。他根据使用情况，对能够取之有尽以及取之不尽的东西作出区别，空气和海洋属于后者是万人所有的。这里也出现了"人类的共有财产"的思想。而且，海和其资源是无限的，不能被谁所有，适合万人利用。这里也窥见了"海洋是地球环境"的思想。

进入 18 世纪以后，事态发生了大的转变。18 世纪 60 年代英国开始了工业革命，在 1830 年以后扩展到欧洲，资本主义的时代开始了。欧洲诸国为了争取市场、原料、资本，依次将亚洲、非洲、南北美洲殖民地化。在这样海上交通和贸易在地球上拓展的阶段，海洋的所有权和航路的独占成为资本主义发展的绊脚石。

从 18 世纪末开始，领海这个概念变得深入人心。这就是作为陆地延长的沿岸水域属于沿岸国的想法。从国防、渔业资源的独占、关税、卫生等必要性出发，陆地可以支配的一定距离的海洋叫做领海这个想法演变成"陆地的支配是武力能够到达的地方"，因此有了炮弹能够得着的地方这个着弹距离说，主流观点认为领海的范围是距离沿岸三海里的地方。领海和公海被区分，对于狭窄领海外侧的广阔公海，以支配着"七个海"的最大的工业强国、海洋强国的大英帝国为主，"任何国家不得行使独占性的支配权利"这个"海洋自由"的原则在 19 世纪初作为一般惯例被确立，这就是所谓的"强者的自由"。

　　像英国和荷兰关于北海的纷争那样，自古以来就存在沿岸海域国家间的渔业纷争，这些纷争和陆地能否支配的问题一起成为了区分领海和公海的理由。20 世纪以来，远洋渔业急速发展，国家间的渔业纷争进入了新的阶段。进而，海底油田被发现，石油的开采技术也得到了发展。公海迄今为止主要的海洋利用方法是海上交通和军事行动，加上天然资源（生物、矿物）的探查和开采这样的新项目。

　　第二次世界大战之后发生了决定性的变化。欧洲的殖民地主义崩溃，亚洲、非洲、拉丁美洲的新兴国成为一大势力登上了国际舞台。此外，在资本主义世界中英国的地位变低，美国取而代之，变成了最大的工业海洋强国。

　　这样，由于海洋利用状况的变化和国际社会的转变，"海洋自由"的原则被重新审视。这种审视始于美国，成为一个历史性的制约。

《杜鲁门宣言》和国家管辖权

　　第二次世界大战之后的 1945 年 9 月 28 日，美国总统哈里·杜鲁门关于大陆架和沿岸渔业发表了两个宣言。即超越领海的美国沿岸水域和其海底的事实上的主权权利的宣言。图 5-1 是大洋海底的平均横截面的构造和称呼，大陆架是外缘平均水深到

的是秘鲁鳀鱼。占领鱼资源的这个行动，给全世界带来了很大的冲击。

韩国在 1952 年提出了《海洋主权宣言》，日韩两国针锋相对。对立的主要点在于，韩国在领海的外侧设定渔业管辖权，与此相对，日本主张"海洋自由"的原则，不承认领海外侧海洋的管辖权。新兴国的"海洋主权"和发达国家的"海洋自由"的争执，到了用武力对战的地步。争执一直持续到 1965 年 6 月 22 日的《日韩渔业协定》缔结这天。到那时为止，被韩国扣押的日本渔船的数量是 326 艘，拘留的船员达到了 3904 人。

争执也在北大西洋发生了。为了鳕鱼，冰岛和英国之间发生了"鳕鱼战争"。欧洲人特别喜欢白色的鳕鱼。为捕获北大西洋鳕鱼的"鳕鱼通渔"在 15 世纪初开始实行，英国、法国、西班牙的渔船一路挺进冰岛周边资源丰富的渔场，冒险抵达。皮埃尔·洛蒂在《冰岛渔夫》（1886，岩波文库有日译）中描绘了当时的情景。

另一方面，冰岛产业的中心始终是渔业，保护近海的鳕鱼资源是关乎国民生死的问题。冰岛政府在 1958 年设定了距离海岸 12 海里的渔业管辖权，开始了和远洋渔业国英国的纷争。这是"海洋主权派"和"海洋自由派"之间的纷争。

英国派遣海军护卫其渔船。1972 年，冰岛将渔业水域扩大到 50 海里，又在 1975 年一举扩大到 200 海里。英国派遣的舰队和冰岛的沿岸警卫队炮火相交，对于鱼的纷争发展到了"热战"。

帕尔多演说和《联合国海洋法公约》的成立

地中海小国马耳他的联合国大使阿尔维德·帕尔多在 1967 年 11 月 1 日的联合国总会第一次委员会上进行了持续 4 个小时的演说，这成为第二次世界大战后为了厘清海洋国际纷争，制定新的海洋秩序的"第三次联合国海洋法会议"的导火索。这是他被称为"海洋法会议之父"的原因。帕尔多的目的是什么呢？他的目标是防止世界上的海底被拥有先进开发技术的发达国家分割。问题是，大陆架是为了国家的目的而开发，还是通过国际协力，特别为贫穷国家开发。在国家管辖权下尽量将大陆架的范围变窄，其外侧的尽量宽广的海底和其资源作为"人类的共有财产"而受制于国际管理之下。帕尔多的目标是改变对依赖于发达国家援助的新兴国的"援助"体制，向南北问题解决之路迈进。

1967 年 12 月 18 日的联合国总会上全场一致通过了凝结了帕尔多思想的《马耳他决议案》，在那之后，要求更大国家主权的新兴国小组和防止这么做的发达国家小组发生对立，经历了各种情况，到了 1973 年 12 月 3 日终于召开了第三次联合国海洋法会议。这个样子和如今围绕"温室效应"的小组间的争议很相像。会议是两组一边对立着一边持续进行的。作为妥协的产物，1982 年采用了以沿岸国对资源拥有主权权利的距海岸 200 海里的 EEZ（Exclusive Economic Zone 专属经济区）的设定为主体的《联合国海洋法公约》。但是，作为条件的 60 个国家的批准和加入迟迟没能有进展，大家悲观一时，直到 1994 年该公约终于生效。不管怎么样，管理海洋的国际规则经历了近 50 年的争论，1947 年，拉丁美洲诸国的"从鱼（秘鲁鳀鱼）来的想法"终于落定。

海洋生物资源的大部分存在于靠近陆地的地方，大洋中心部分是"海洋沙漠"，依据 EEZ 的海洋分割实质上是在国家间分割所有资源。关于世界海洋的法律框架，从以鱼为中心的"海洋自由"到"海洋分割"发生了 180 度的转变。帕尔多的目的是"尽量窄的国家管辖权和尽量广的国际管理"，结果却是 EEZ 这个"广泛的国家管辖权"。帕尔多点燃了《联合国海洋法公约》制定的火苗，结果却与他的理想背道而驰。

根据《联合国海洋法公约》，从各国沿岸的基线到 12 海里是领海，从领海外侧基线到 200 海里是 EEZ，再外侧是公海。对于 EEZ，沿岸国有对其海床、地下以及上部水域的天然资源（生物、非生物）探查、开发、保存的主权权利。沿岸国有着海洋科学调查以及海洋环境保护、保全相关的管辖权。允许外国在

EEZ 开展船舶的航行、飞机的上空飞行、海底电线和海底管道的铺设。EEZ 主要是沿岸国拥有对其管辖水域资源、调查、环境方面的权利，也许可外国在其区域航行、通信、搬运。海洋占着约七成的地球面积，其中资源最丰富的四成在各国家间被切开分割了。

对于生物资源，沿岸国有着"保护义务"，必须决定容许渔获量。这叫做 TAC（Total Allowable Catch 总允许渔获量）。这里会出现在第一章提到的 MSY。《联合国海洋法公约》的第六十一条写着"这种保护措施的目的也应考虑环境和经济上的相关因素，必须使捕捞鱼种的资源量维持在或恢复到能够生产 MSY 的水平"（外务省翻译）。像这样，MSY= 平衡理论上升到联合国官方"理论"。在《联合国海洋法公约》的缔结国，基于这个"理论"，产生了管理 EEZ 水域生物资源的义务。在日本，"关于海洋生物资源的保护及管理的法律"（通称 TAC 法）在 1996 年开始施行，1997 年 1 月起开始了依据 TAC 的管理。

这个法律的第三条，写着"在实现 MSY 的水准的基础上以维持或者恢复特定海洋生物资源为目的"，和《联合国海洋法公约》第六十一条很像。管理的对象目前是沙丁鱼、竹荚鱼、鲭鱼类、秋刀鱼、狭鳕、北太平洋雪蟹、太平洋褶柔鱼的七类群，占到了 2005 年日本海面渔业生产量 446 万吨的 37%。

平衡理论的形成过程 — 变动问题

《联合国海洋法公约》中，海洋生物资源的管理方式上升到国际基准的平衡理论，又称 MSY 理论，它是什么样的理论呢？接下来阐明它的形成过程和要点。

一直到 19 世纪结束，海洋生物资源实质上都被认为是无穷尽的。1884 年，英国著名的海洋生物学者 T. H. Huxley 在伦敦召开的"渔业博览会"开幕式的主旨演讲上说："鳕鱼渔业、太平洋鲱渔业、沙丁鱼渔业、鲭鱼渔业等所有大型渔业的资源是无穷尽的。我们的所作所为不会影响到鱼的数量。制衡渔业的所有尝试从性质上来说都是无用的"。但是，在底层鱼资源丰富的水域，渔获能力高的渔船集中起来作业这种方式要从根本上去审视。最初对资源发生影响的渔业在北海，北海的大陆架发展得十分好，分布着丰富的底层鱼资源，而且被英国等发达的工业诸国开发，是它们共同占有的渔场。

19 世纪末北海的底拖网渔业导入了蒸汽机和拖网网板，底拖网渔船的渔获能力飞快地提高。拖网网板是插在了底拖网左右两边的两根开口网板（图 5-2）。大量渔获的结果是在北海发生了成长型过度捕捞，出现了底拖网船的 CPUE 低下，发生了滥捕的问题。

另一方面，北大西洋的渔业资源发生了另一个问题。这是挪

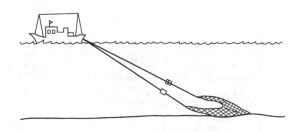

图 5-2　底拖网渔业

威北部的春鲱变动问题。北大西洋广泛分布的大西洋鲱，有多个种群。其中最大的种群会洄游到挪威西侧的挪威海（挪威和格陵兰之间的海是北欧海，其东侧部分是挪威海，西侧部分是格陵兰海）的"大西洋－斯堪的纳维亚鲱"，通称挪威春鲱。这个鲱的种群为了产卵在早春时期从近海到达挪威北部沿岸。它的渔获年年都有很大的变动。

1902 年，ICES 结成了。ICES 首先面对的问题是上面所说的"滥捕"问题和"变动"问题。将这两个问题分割开来，或者对立起来论争，是生物资源管理上理论性的混乱。

首先解释变动。当时作为挪威水产局长的 J. Hjort 为积极解决春鲱的变动问题，1914 年清楚了变动的主要原因是世代尺寸的变动这一事。大的世代出现的话，会持续出类拔萃，对渔况起着决定性的作用。图 5-3 是挪威春鲱在 1907 年～1919 年年龄组成的变化。1904 世代是巨大的世代。这一世代从 1907 年（三龄鱼）到 1919 年（15 龄鱼），都是主要渔获物。尤其是 1910 年到 1914

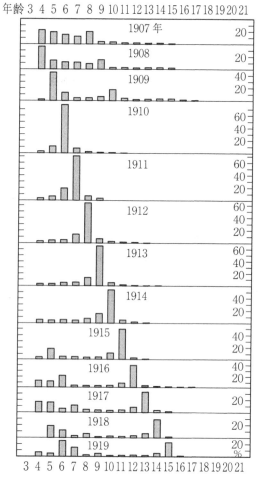

图 5-3　斯堪的纳维亚半岛沿岸的春鲱的年龄组成（%）的变化
（出处：Hjort，1926）

年的 5 年时间，渔获物基本上都被 1904 世代所占据。

问题是这样的大世代的形成机制。Hjort 提出了以下假说："大的世代在非常早期就存在。这意味着世代的尺寸在出生初期就决定了。仔鱼的嘴张开开始摄取食物的时期，也就是在后仔鱼期，要看作为食物的无节幼体（浮游动物的桡足类的幼生）是否充足"。Hjort 将后仔鱼期称为"决定期"，认为世代尺寸的决定要因是仔鱼和无节幼体的相遇确率的问题。

在这里说明一下仔鱼。刚刚孵化的鱼叫前期仔鱼（卵黄仔鱼），拥有充满着卵黄的"卵黄囊"这个袋子，从那里得到营养。卵黄逐渐消失的时候就张开嘴，开始从外面摄取食物。这个时期的鱼叫后期仔鱼。在那之后，逐渐发育成稚鱼→幼鱼→成鱼→亲鱼。各个阶段叫作发育阶段。图 5-4 是沙丁鱼的孵化期到幼鱼期。

在那之后的 1974 年，英国的海洋生态学者 D. H. Cushing 发表了"匹配 – 不匹配假说"。根据他的定义，这个假说是"补充量变动的原因是由于每年第一性生产开始时期的不同"。"各鱼种的产卵每年差不多都在固定的时期进行。但是，成为孵化出的仔鱼饵料的，浮游动物幼生的食物的浮游植物被生产（利用太阳能，从无机物被生产为有机物，作为生产最初的生物的第一性生产）的时期也是每年变动的。产卵期和第一性生产开始的时期（这也

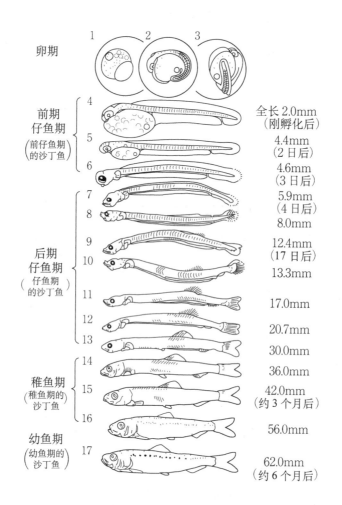

卵期

前期
仔鱼期
（前仔鱼期
的沙丁鱼）

后期
仔鱼期
（仔鱼期
的沙丁鱼）

稚鱼期
（稚鱼期的
沙丁鱼）

幼鱼期
（幼鱼期的
沙丁鱼）

全长 2.0mm
（刚孵化后）

4.4mm
（2 日后）

4.6mm
（3 日后）

5.9mm
（4 日后）

8.0mm

12.4mm
（17 日后）

13.3mm

17.0mm

20.7mm

30.0mm

36.0mm

42.0mm
（约 3 个月后）

56.0mm

62.0mm
（约 6 个月后）

图 5-4 沙丁鱼的卵、稚仔的发育过程

（出处：内田他，1958）

叫春季大生产期）匹配的话，会产生大的世代。两个时期不匹配（mismatch）的话，形成小的世代"这一假说。

　　春季大生产指的是下面这样的事情。在中高纬度的水域，冬季日照弱，海的表面没法进行第一性生产。另一方面，冬季气温低，表层水的密度变大，发生上下循环（垂直循环）。结果是，营养成分丰富的下层水到了表层。到了春天，日照变强，利用冬天表层积蓄的营养成分，第一性生产会爆发性地开始。

　　Cushing 的假说结局变成了对 Hjort 假说的二次加工，没有从偶然相遇的确率论里剥离开。

　　鱼卵生存情况的好坏是后期仔鱼决定的吗？这是个问题。第一章论述过，沙丁鱼的 1988 世代大量的卵基本上没能生存下来（图 1-5），什么时候死亡的，东京大学海洋研究所的渡边良朗教授等人在 1998 年的论文中提出了以下观点：

　　"1988 世代的 1 龄鱼的补充数量急速减少，证实了生命最初的一年时间有大量死亡的事实。观察从卵孵化到补充资源的发育阶段期间生物量的关系，卵和前期仔鱼之间，前期仔鱼和后仔鱼期末的仔鱼之间，都是正相关。也就是说，产卵的数量、前期仔鱼的量和后期仔鱼的量是成比例的。Hjort 的'决定期'假说没有说明沙丁鱼资源减少的过程。另一方面，一点也没能看到后仔鱼期末的仔鱼的生物量和 1 龄鱼时候的补充量之间的相关关系。这些事情说明，沙丁鱼的补充量（世代尺寸）并非后仔鱼期这一时期决定的，而是由于在那之后的一年时间累积性减少的结果决定的。"

因此，世代尺寸是什么时候决定的这个问题有了着落。而且，亲鱼的数量（产卵数）和仔鱼的数量（补充数）之间没有相关关系。仔鱼的数量是亲鱼数量之外的某些因素决定的。但是，为了最终理论性解决变动问题，必须要等待稳态变换理论的出现。

平衡理论的形成和经历的挫折 — 滥捕问题

接下来是滥捕问题。体现存在滥捕问题的是第一次世界大战导致的休渔（图 5-5）。苏格兰的北海底拖网船一日的黑线鳕（鳕鱼的一种）的捕获量（CPUE）在 1906 年是 610 公斤，1914 年低到了 250 公斤。然后，第一次世界大战（1914 年～ 1918 年）开始，捕获中断了。战争结束捕获重新开始的 1919 年，作业一百小时的捕获量（CPUE）跳到了 1160 公斤。这个数值在之后急速降低，1922 年到了 457[a] 公斤。战前和战后 CPUE 的单位不同，数值很难直接比较，战争前后的差异是毫无疑问的。这样的状况促进了滥捕问题（资源管理问题）的研究。

---

a　原文为 4570，根据上下文及图表，译者推断此处正确数值应为 457。
　　——译者注

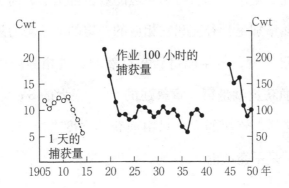

图 5-5　苏格兰北海底拖网渔业黑线鳕的捕获量变化

注：Cwt 是重量单位 50.8kg

（出处：FAO，1967）

变动问题的研究在进展不顺的情况下，ICES 的重点倾向于滥捕问题。上面所说的 ICES 是国际机构，其目的之一是北大西洋的国际共通利用资源的管理研究。为了管理资源，各国达成一致的管理基准是必要的。英国的 E. S. Russell，在 1931 年发表了用资源增加量和渔获努力量关系来巧妙说明资源管理策略的数值公式的论文。

据 Russell 研究，没有进行渔获的自然状态的资源是下面这个公式。资源量年年都变化，环境变动导致的资源量的变化是无方向的，也就是混乱的，长时间的话就是零。也就是公式的值是零。向自然状态下不变的资源中加入渔获，资源量变少，但是恢复到原来资源量的恢复能力起了作用，公式右边的补充量和增重量增加，死亡量减少，右边和左边的数值都增加。向这个增加的部分（自然增加量）补充和它相应的一定的渔获努力量的话，每年的资源量不变，每年能得到和自然增加量相等的一定的渔获量。这个渔获量就是第一章叙述的 SY，最大的 SY 是 MSY（图1-6）。像这样，资源的大小只由渔获的强度来决定，两者平衡，这个理论就是平衡理论。

（1 年后的资源量）−（年初的资源量）

=（向资源补充的量 + 资源的增重量 − 自然死亡量）

平衡理论的依据是叫逻辑斯蒂方程的反映种群密度的方程。这个方程是比利时的数学家 P. F. Verhulst 在 1838 年为表示人口增长而提出的方程，美国的生物学家 R. Pearl 和 L. J. Reed 为表示饲养条件下黄色猩猩蝇的个体数成长，在 1920 年将其再次提出。逻辑斯蒂方程中重要的是环境收容力这个概念，也就是对于各种各样的种群或者是个体群，有环境能够容许的最大个体数。根据这个方程，从一对雌雄开始的个体数在静止环境（严谨地说是在有一定管理下的饲养条件）下逐渐增长，达到环境收容力而饱和的静止个体数（安定个体数水平）。环境收容力在自然状态下和不变的平衡理论的资源量是相同的。Russell 拜访了 Pearl 并拜其为师，在那之后发表了上面的论文。

　　像逻辑斯蒂方程那样，用说明人口增加或者饲养条件下昆虫增加的方程来说明变动的自然条件下的鱼类或者海产无脊椎动物（鱿鱼、章鱼或贝类）的个体数变动，在原理上有不合理的地方。在如今的生态学领域，逻辑斯蒂方程只能表示在某个特殊场合的个体数成长，作为生物学的基本法则，这种思维方式是被否定的（德永幸彦，2003）。作为单纯的数量概念，"环境收容力"是能够存在的吗？

　　有"地球能够养活多少人"这样的争论。我们很清楚地知道，美国那样多能量消费和多资源消费型的社会人口和一人一天用不到一美元生活费生活的发展中国家极度贫困阶层的社会人口，用同一基准来理论是没有意义的。正如第一章论述的那样，生物量小的时候，沙丁鱼个体的营养状态好，成长得好，体长大，这时候的沙丁鱼是不进行大的洄游的沿岸鱼。但是，生物量大的时候，沙丁鱼个体的营养状态差，成长变差，这时候的沙丁鱼就变身为体长小的大洄游鱼。两个不同状态的沙丁鱼似乎是不同的种群，不考虑这样质的差别，单纯将两个沙丁鱼社会的个体数进行量的比较是没有意义的。

　　平衡理论说的是个体数的增加是受种群密度影响的这样一个与种群密度相关的理论，它最大的问题点是没有考虑生物量大的时候和小的时候个体质量的不同，认为补充到资源的幼鱼的数量是由亲鱼的数量密度依赖性地决定的。这个通过沙丁鱼生物量的变动被明确否定。仅仅十八兆的产卵数产生了大的 1972 世代，成为那之后沙丁鱼繁荣时代的先驱，但是，1988 世代 4000 兆粒的产卵却基本上没有存活（图 1-5）。决定补充数量的不是产卵数，而是生存率。

这样以非现实性理论为前提的平衡理论，是在 ICES 上为了达成各国的一致意见而提出的"为了管理资源的理论"，并非"自然科学的法则"，将其作为科学法则这一点在根本上就存在问题。

水产资源是生物的集团。生物随着环境的变动而进化和发展。传统水产资源学致命的缺陷在于从资源的变动要因中舍弃掉环境的要因这一点。根据平衡理论，资源减少的原因只能是滥捕。

MSY 成为世界共通的资源管理基准，在第二次世界大战后陆续写进了两国间甚至多国间的渔业协定，最后，写进了《联合国海洋法公约》。

MSY 资源管理的历史也是管理理论崩溃的历史。最初经历的大挫折是第一章论述的对于秘鲁鳀鱼的 MSY 的设定上。

北太平洋的大比目鱼（大比目鱼是全长能达到 2.5m、比目鱼科的大型鱼），根据美国和加拿大在 1923 年缔结的条约，由国际渔业委员会来管理，但是其基本的原则是渔获努力量和 CPUE（资源密度＝渔获量／渔获努力量）相乘的积是一定的，通过调节渔获努力量能够得到 MSY 的 W. F. Thompson 理论（平衡理论）。这个资源管理是世界上最早通过国际协定来施行的，有过管理成功的优等生和得到好评的时候。2001 年，W. G. Clark 和 S. R. Hair 发现了补充量发生数十年规模的稳态变换，Thompson 理论迎来了终结。

　　大西洋鳕鱼的纽芬兰大浅滩种群（加拿大纽芬兰近海）是由加拿大政府管理的重要资源。管理的基础理论是平衡理论。尽管针对 MSY 的渔获努力量被压制得很低，到了 20 世纪 80 年代末西北大西洋的鳕鱼资源状态急速恶化，纽芬兰大浅滩种群在 1992 年以后被禁渔。对于资源恶化的原因，加拿大的水产资源学者 J. A. Hutchings 和 R. A. Myers 在 1994 年断定"资源的崩溃只归咎于过剩捕捞，不能归咎于自然死亡量的增加。和渔业相比，环境对资源的崩溃几乎没有影响"。

　　科学家之间对稳态变换理论的评价变高，随着进行更广范围的研究，状况改变了。作为隶属于 ICES 的 IPCC（气候变动的政府专家组）成员的 K. Brander 等人在 2006 年发表"鳕鱼的禁渔开始了 10 年以上，几乎没有看到资源的恢复。主要的原因是自然死亡率的增加、成长率的低下、补充率的低下带来的衰退吧"。在这里，MSY 理论的有效性也被否定了。

　　但是在最近，英国的 Fishing News（渔业新闻）公司报道了大量的新闻（*Fishing News International*, April 2009）。根据加拿大

的海洋科学家们所说，"纽芬兰大浅滩的鳕鱼资源急速恢复，目前产卵资源的生物量被推定为15万吨"。变换也发生了。G. Rose 说，"1972年～1995年非常冷的时期之前的30年是温暖的，情况逐渐回复到那时。为了继续让鳕鱼资源增加，禁渔应该持续下去"。"资源在低水准的时候，禁渔然后一直等待其恢复。"这样依据稳态变换理论的资源管理已经在施行了。

在日本也有久违了的好消息。北海道小樽市的熊碓海岸在2009年3月1日，为了产卵而涌进来的太平洋鲱群产出的精子把海水染成了乳白色的"群来"，是1954年以后时隔55年的重现。这是久违了半个世纪的北海道萨哈林系太平洋鲱的复活吗？世界的海洋进入了新的时代吧。小樽沿岸的渔获量已经达到380万吨，是上一年年度渔获量的两倍。为了持续恢复资源，日本政府应该实施太平洋鲱禁渔。加拿大能够做到的，日本没有理由做不到。

从以上的说明能够了解到，基于稳态变换理论，20世纪初开始就没有交集各自开展研究的变动问题和滥捕问题，第一次被统合起来理解了。海洋生物资源作为地球环境系统的构成部分，在数十年的时间序列上变动，在不破坏这个变动节奏的范围内进行渔获是生物资源的持续利用，破坏变动节奏的渔获方法是滥捕，即过剩捕捞。

用《联合国海洋法公约》能管理好资源吗？

根据作为海洋国际法的《联合国海洋法公约》，生物资源能得到有效的保存和管理吗？《联合国海洋法公约》在 1982 年被通过后已经过去了 27 年，目前的状况是当年所无法想象的。在海洋法通过时并没有将生物资源作为海洋生态系统的构成部分，也没有基于生态系统可持续利用的观点来管理资源的想法。在现实的海洋，生物资源的渔获压力很强，环境在恶化。关于 EEZ，别说达到资源和环境保全这个本来的目的了，与此相反，强权国家涉足 EEZ，资源和环境的恶化在加剧，这个危机感变强了。在此有两个大的问题。

第一个问题是 EEZ。EEZ 是为了人类的方便，自古以来用沿岸国间的国境作为基准来圈住近海的概念，和海洋生物学的水域划分（生态系统）什么关系也没有。在《联合国海洋法公约》方面，沿岸国对于该国的 EEZ 有行使主权的权利，保存和管理那里的生物资源，并且肩负着保全和管理海洋环境的权利和义务。而且，对科学调查也有着管辖权。实际上，权利方优先，其他国家不能够跨越 EEZ 的界限进行科学调查，调查能力低的沿岸国的EEZ 的环境信息急速减少。但是，其他国家对此不能干涉。为了科学管理生物资源，管理的对象必须是生态系统。但是，EEZ 和生态系统一般来说不会重合，EEZ 内资源的管理不等于生态系统的管理。

具体来思考一下。第二章介绍了日本的周边有东海、黑潮、日本海、亲潮、鄂霍次克海这五个生态系统，但是，每个生态系统都由于 EEZ 而被分割。东海生态系统被日本、中国和韩国这三个国家分割，日本海生态系统被日本、韩国、朝鲜和俄罗斯这四个国家分割，鄂霍次克海生态系统和亲潮生态系统被日本和俄罗斯分割。没有被分割的只有黑潮生态系统。像这样由于国家管辖权被切断的生态系统怎样作为一个整体来管理呢？通过国际间的协助来综合管理是理想的状况，但凡每个 EEZ 有着强有力的国家主权，实际上就变得非常困难。竖在那里的是国际政治的壁垒。

现实状况是，对于东海来说，中日、日韩、中韩之间各自存在着两国间的渔业协定，不存在中、日、韩多国间的渔业协定。即使是两国间的协定，也并不能说就是依据科学的资源管理来制定的。也就是说，实际上是没有管理的状态。其他水域的生态系统也是存在同样的状况。而且，生物资源的严重滥捕还在进行，没法掌握整体状况。

第二个问题是"在 MSY 水平上维持资源，让其恢复"，这个是依据平衡理论的资源管理基准。前面已经论述过了，平衡理论是特殊条件下的理论，是舍弃了环境变动的 MSY 这个固定的管理基准，它不适用海洋鱼类和无脊椎动物。将有科学争论余地的基准放入国际公约作为海洋生物资源管理的国际基准，且赋予缔约国遵循的义务，不得不说这是有问题的。管理生物资源的基础理论是发展和变化的，将依据一个学说的基准纳入条文中，是对科学的亵渎，必须要避免。

根据稳态变换理论的资源管理并不是对各个种族个体群的管理，而是对生态系统的管理，是和 MSY 资源管理相对立的，这个管理基准是"不打乱生态系统构造的稳态变换来利用资源"。因此，应该根据生态系统是稳态变换的哪一个水平，来设定个体群的容许渔获量。

从管理到可持续利用

1982 年通过的《联合国海洋法公约》的"资源管理"想法和之后的地球"环境保全"的国际态势是逐渐产生差异的。在联合国，环境问题最初被讨论到的是 1972 年在瑞典斯德哥尔摩召开的"联合国人类环境会议"。之后，1987 年在联合国设立了"世界与环境发展委员会"，今天的环境问题提倡的是"可持续发展"的概念。这个概念是"在不损害将来世代需求的前提下，让现在世代的需求得到满足"。斯德哥尔摩会议过去 20 年后的 1992 年 6 月，在巴西里约热内卢召开了"联合国环境与发展会议"。这个会议被称为"地球高峰会议"，由各国首脑参加，很有历史意义，成为从那以后的地球环境保护的国际性出发点。

在地球高峰会议上，作为实现可持续发展的行动计划，通过了"21世纪议程"。会议中制定了不同领域的项目来保护大气、森林、沙漠化、生物多样性、保护海洋、淡水资源等，为了实施这些项目，甚至规定了资金、技术转移、机构、国际法的执行方式。

接着观察和海洋生态系统有关的生物多样性的国际和国内态势。《生物多样性公约》是先于地球高峰会议在1992年5月被通过的与地球高峰会议有关的旧条约，在1993年生效。2007年6月，包括日本在内的189个国家和欧盟成为缔约国，加入联合国的大多数国家都加盟了。这个条约的目的是"最大限度保护地球上各种生物的多样性和它们的生息环境，实现可持续利用"。也就是生态系统保护的思想。

作为《生物多样性公约》的批准国，日本必须要完备相对应的国内法。在日本，与野生生物相关的法律有《鸟兽保护法》《物种保存法》《外来生物法》等。没有统括的保护自然的法律，把多个法律统合起来可以维护生物多样性是政府的想法，但是多数生物都面临灭绝的危机，外来物种的威胁也在变强，近年来关于统括的法律必要性的态势在走高。《生物多样性基本法》已通过并于2008年6月开始实施。这个法律规定了"保全生态系统，不损害生物多样性，可持续利用构成要素"（第二条）。这个规定当然和作为"构成要素"的渔业资源的利用相关。这个规定和刚才提到的 TAC 法第三条"特定海洋生物资源"的规定有很明显的不同。缺乏生态学要素的 MSY 的管理是无济于事的。

这样的态势也对 IUCN（世界自然保护联盟）指定的"红色名录"产生了影响。红色名录是指 1966 年以来编制的"濒临灭绝的生物种类一览表"，现在大约有 16,300 种动物被列入红色名录，对世界自然保护运动产生了很大影响。但是，生物物种并不能孤立生存是生态学的经验教训，每个生物物种的存续都和其他物种有关。为了保存生物物种，仅仅保护指定的物种保护是够的，因此，2008 年 10 月在西班牙巴塞罗那召开的世界自然保护会议上提出了生态系统保护观点的必要性。

20 世纪 90 年代以后，加上稳态变换理论的发展，世界范围内也积攒了关于海洋的科学知识。比如，清楚了河口汽水域的生态系统和近海的资源有很大的关联（参见《河流和海洋》，2008）。另一方面，MSY 这个基准没有包括生态学的要素，这成为问题。而且，根据 EEZ 制度，科学研究所必需的海洋数据的收集变得困难。在此状况下，基于生态系统的统合海洋的管理概念被提出来。在这种新的世界形势下，2007 年日本通过了《海洋基本法》。统括地考虑渔业、运输等分散的海洋问题，是划时代的进步。这个法律的目标有三个，即向全人类课题的先驱性挑战、海洋的可持续利用和实现安全、安心的国民生活。

正如上面叙述的那样，关于海洋生物资源，从管理沿岸国的个别资源的想法，转变为通过国际协助来可持续利用生态系统的想法。今后将是对这个想法在制度和法律方面进行完善的时代。我们正站在新时代的入口。

第六章
日本渔业的现在

渔业生产、进口和消费都在减少

日本渔业现在变得怎么样了？接着序章，本章概括说明在那之后日本渔业的发展轨迹和水产品进口量的变化以及水产品消费的情况，思考日本人"远离鱼介"的理由，并在说明围绕渔业相关的状况后，介绍作为专门捕获沙丁鱼、鲭鱼渔业的围网渔业的现状（图6-1）。

渔业和养殖业的生产量减去饲肥料之后的日本可食用水产品生产量在1976年达到高峰的769万吨，之后开始减少，2000年降到了452万吨，1964年有113%的水产品自给率，2000年低到了53%。生产量减少的原因和沙丁鱼渔获量的急速减少一样，是由于日本渔业的衰退。为了填补这种减少，水产品的进口急速增

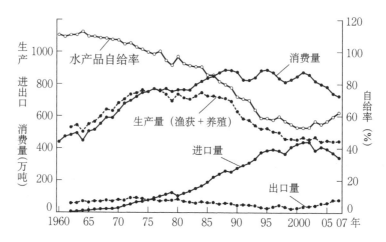

图 6-1　食用水产品生产量、进口量、出口量、消费量、自给率的推移

（出处：农林水产省 Hp）

加，2002 年达到了 442 万吨，和这一年的可食用水产品生产量的 455 万吨几乎一样。可食用水产品生产量在之后也减少，2007 年减到了 448 万吨，增加起来的进口量在 2003 年转而减少，2007 年低到了 346 万吨，与可食用水产品生产量拉开了大的距离。水产品的消费量在 1989 年增加到了 891 万吨，那之后有增减但基本持平。从 2002 年开始减少，2007 年低到了 725 万吨。"远离鱼介"开始了。另一方面，渔业生产的诸项经费变高，鱼的价格却持续低迷。

2002 年是转折点，渔业生产力、国际竞争力、国民消费力三者并行低下，进入了迄今为止没有过的局面。结果是水产品自给率急速反转上升，2007 年恢复到了 62%。自给率是"生产量 / 消费量"，尽管生产量在减少，自给率却在上升，这意味着消费量低下的速度比生产量低下的速度还快。

为了恢复减少的生产量，2002 年水产厅制定了"水产基本计划"，将 2012 年的食用鱼介类的自给率恢复目标定为 65%。但是，生产量在减少，自给率却在接近这个目标。自给率上升的原因不是生产量的增加，而是消费量的低下，是非常讽刺的事。

日本渔业衰退一事也很明显地显示出渔业从业者数量的减少和高龄化。从业者数量在 1970 年是 55 万人，2007 年减少到了 20 万人。1962 年，有 50% 以上 39 岁以下的年轻渔业者，2007 年减少到了 14%，1985 年，60 岁以上高龄者的比例是 20% 以下，在 2007 年增加到了 48%。渔业从业者数量占全体生产业从业者数量的比例在 1970 年是 1.1%，之后持续走低，2005 年低到了 0.4%。渔业的担当者要消失了。

渔业依赖度是指纯渔业收入在从事渔业者的收入中所占的比例，该数值在 20 世纪 70 年代初是 70%，近年来低到了 45% 左右，可见渔业变成了副业。渔业者的收入在 70 年代高于所有工人的平均收入，80 年代中期以后变得低于所有工人的平均收入。渔业不足以维持生活。日本渔业进入了非常严峻的时代。

"远离鱼介"在进展

讨论一下上面介绍的"远离鱼"的内容。首先，看一下"年度人均食用鱼介类供给量"。这里包括近年大幅度增多的外食和中食[a]。峰值在 1988、1989 年的 72 公斤，那之后的值在波动中减少，尤其是 2001 年以后急剧下降，2005 年低到了 61 公斤。关于"年度人均生鲜鱼介类的购买量"，从 1979 年的 14.8kg 大幅度下降，2006 年只有 12.3kg。"鱼介类的年度人均支出"从 1992 年的 40,000 日元降到了 2005 年的 29,000 日元。"鱼介类的支出占食材支出的比例"从 1980 年的 14% 降到了 2005 年的 10%。人们渐渐都不买鱼介了。尤其是 1993 年之后下降很厉害。购买 1kg 鱼的金额，1991、1992 年是 1700 日元，2004、2005 年降到了 1400日元。也就是说人们越来越少量地购买便宜的鱼。

据一项调查，在 1960 年～2006 年差不多半个世纪的时间里，日本人人均摄入的水产品和畜产品动物蛋白质的量为：1960 年，水产品是 14.6g，畜产品是 6.8g，共计 21.4g，水产品更多。此后日本人的营养状况有了大幅度的改善，蛋白质摄取量提高了很多。主要是畜产品，1971 年超过水产品持续升高，1995 年达到了 28g。水产品也提高了，1994 年超过了 20g。总量的峰值在 1995

---

a　中食与外食、内食相对应，内食（在家做饭）→中食（加工食品）→外食（在外吃饭）。——译者注

年为 48.4g。20 世纪 90 年代中期以后，蛋白质摄取量停滞不前。然后，从 2002 年开始减少。继续看内容，畜产品 28g 左右保持稳定，减少的是水产品。水产品从 2001 年的 21.3g 急剧减少，到 2006 年减到了 17.1g，5 年时间减少了 4g。

水产大国日本的鱼消费量为什么减少成这样呢？首先从"水产基本计划"（2007）来看水产厅的说明。"水产基本计划"是依据《水产基本法》（2001 年制定），"为实现确保水产品的稳定供给以及水产业健全发展的基本理念，为了综合且计划性地推进和水产有关的政策"而制定的，那时候对现状的认识成为今后水产政策的重要基础。而且，还写着"水产品消费量大幅度减少的要因，能够列举的是，孩子不喜欢鱼介类一事对家庭饮食生活的影响，国内生产、供给并没能好好对应食物简便化为主的消费者需求的变化等等"。真的是这样吗？

我认为远离鱼介的原因是工人的所得收入减少。观察工人家庭实际收入的年度变化，从 1997 年的峰值 600,000 日元大幅度减少，2007 年是 530,000 日元。消费者对水产品有着非常高的价值感。农林水产省在 2007 年度的食材消费监督调查表明，"对鱼介类的感受"最多的是"价格高"，占到了 55%。不是"孩子讨厌吃鱼"也不是"需求变了"。收入减少了，首先开始减少购买水产品。各种各样的指标表明，水产品的消费量从 2002 年开始的大变化尤其引人注目。畜产品的消费持平。不买鱼和日本人变穷有着最强的相关。

狂捕沙丁鱼和鲭鱼的围网渔业

在日本渔业衰退的情况下，以沙丁鱼和鲭鱼为主要渔获对象的围网渔业怎么样了（图 6-2）？观察围网渔业总渔获量的推移，从 20 世纪 60 年代后半期开始增加，80 年代后半期达到峰值，之后开始减少 [图 6-2 的（1）]。这个推移和沙丁鱼、鲭鱼渔获量的变化非常相似，反映了沙丁鱼和鲭鱼的资源变动。由此也能得知，围网渔业将沙丁鱼和鲭鱼作为主要的目标，换一种说法就是，围网渔业是依靠这两种鱼的渔业。

围网渔业的总生产量占日本渔业总生产量的比例在 1960 年是 10% 左右，进入 70 年代后随着沙丁鱼和鲭鱼的生物量增大而上升，80 年代后半期到 90 年代初达到了 45%，围网渔业发展成为占日本渔获渔业生产量近一半的大渔业。之后的沙丁鱼资源急速减少，这个比例变低，近年来保持在 20% 左右 [同（2）]。围网渔业在 60 年代后半期之后对于沙丁鱼和鲭鱼的依赖度变高，这两种占渔获物的比例在 70 年代到 90 年代达到了 90%。可以说成为沙丁鱼和鲭鱼的专获渔业。它们的生物量变小的最近几年，这个比例也保持在 30%，在 2005 年跳到了 60% [同（4）]。

曾经，鲭鱼主要通过游钓渔业或者流刺网渔业捕获。从 20

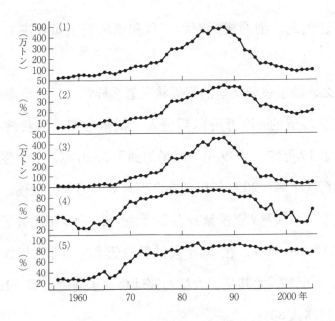

图 6-2　以沙丁鱼、鲭鱼类为主要渔获对象的单船围网渔业生产量的时间序列

（1）围网渔业总生产量

（2）围网渔业总生产量（1）占日本渔业总生产量的比例

（3）沙丁鱼、鲭鱼类的围网渔业生产量

（4）沙丁鱼·鲭鱼类的围网渔业生产量（3）占围网渔业总生产量（1）的比例

（5）沙丁鱼·鲭鱼类的围网渔业生产量（3）占日本渔业沙丁鱼、鲭鱼类总生产量的比例

世纪 60 年代后半期开始，沙丁鱼和鲭鱼被围网捕获的比例变高，进入 80 年代以后达到了 80% ~ 90% ［同（5）］。变成这样的很大一个理由是，包围鱼群将其拉到船上的技术和装备得到大幅度改善。捕获鲣鱼和金枪鱼的围网渔业的渔获量在近年也大幅度

增加了。因此，围网成为对沙丁鱼和鲭鱼资源负着主要责任的渔业。

那么，沙丁鱼和鲭鱼的资源状况怎么样？沙丁鱼资源在1988年渔获量峰值的449万吨以后进入了低水准期，渔获量在1998年降到了17万吨。1999年一时增加到了35万吨，由于强大的渔获压力再次下降，2002年以后在2万～8万吨保持低迷。沙丁鱼的渔获率（渔获量/资源量）在20世纪70～80年代资源的高水准期有10%～20%，在90年代以后的低水准期非常极端地高到了30%～65%。尤其是，大量捕获幼鱼成了问题。零、1龄鱼的渔获比例高达80%。

观察20世纪后半期的鲭鱼类（主题是鲭鱼）渔获量的变动（图6-3）。鲭鱼的生物量从50年代初期进入了稳态变换的上升局面，70年代后半期达到峰值，之后开始减少，90年代初期到达低谷，被期待反转增加。观察之后的变化过程可见，1992世代的补充量很大，但是1993、1994年由于强渔获的压力，1995年生物量减少了。接下来的1996世代是非常大的世代，但是，由于1996、1997年的大量渔获也没能带来生物量的增大。2004世代是久违了8年的非常大的世代，但是，由于2005、2006年的大量渔获生物量却减少了。像这样，观察1990年以后的鲭鱼生物量的变动，能发现每逢有大的世代补充进来，就发生大量渔获，生物量没能赶上稳态变换的上升曲线。这就好像"打鼹鼠的游

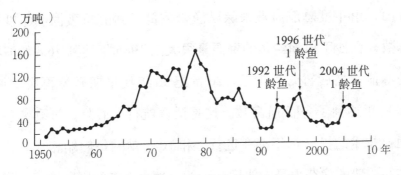

图 6-3 鲭鱼类渔获量的经年变动

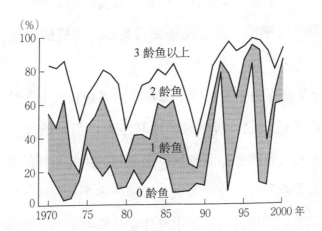

图 6-4 大中型围网渔业鲭鱼太平洋种群各年龄段渔获比例的推移
（出处：水产厅，2001）

戏"[a] 一样。在这种情况下也是，进入了 1990 年代后，幼鱼的过度
捕捞也成了问题（图 6-4）。

过度的捕捞渔业和日本渔业的衰退同时进行着。大中型围网
渔船的数量，和沙丁鱼、鲭鱼资源的衰退一起大幅度减少。另一

a 用锤子打从洞穴里冒出来的鼹鼠。——译者注

方面，用年度总航海数来除以渔船数量得到的每艘渔船年度航海数，在沙丁鱼和鲭鱼的资源量很大的 1986 年达到 76.8 航海数的峰值，之后暂时减少了，20 世纪 90 年代中期开始再次增加，2004 年达到了 89.7 航海数。这是活塞航行。而且，过剩装备和渔业技术的提高每年都在进行。和 10 年前的每艘船相比较，现在每艘船的渔获力是大幅度增强的。生存下来的围网渔船，进行重装备化，为了进一步生存，展开了对变小的资源的争夺战。对小的资源过度捕捞，然后资源变得更小，这样的恶性循环正在进行。

渔业是将作为生物资源的海洋生态系统构成部分的一块从海洋中取出来的产业，所以大的渔获压力不得不破坏生态系统全体。由于对幼鱼的滥捕而导致特定鱼种的生物量持续低水准，并不仅仅会影响到这个鱼种，也有着破坏多个鱼种构成的、在一定秩序下这些鱼种通过相互作用来变动的鱼类群落的变动系统的可能性。

正如第四章所论述的那样，包括日本近海的西北太平洋的表层鱼群落以沙丁鱼为主进行着数十年规模的鱼种交替（图 4-7）。进而，其中特定鱼种的生物量变动若不能顺利进行，鱼种交替的全体系统就有被破坏的可能性。这正是对海洋生态系统的破坏。

资源是怎么被管理的

在此介绍渔业资源管理的系统。为了管理渔业资源，必须要管理从事捕捞的渔业。渔业管理有两个途径。日本的传统途径是限制投入量，也叫入口限制。这是限制渔获努力量，限制进入、限制艘数、减少船只、渔船规模和马力、工作期间、次数和时间、渔具的种类、规模和数量等等都被限制。为此，在沿岸，都道府县知事对渔业协同组合（渔协）发行渔业权的许可，在近海，农林水产大臣或者都道府县知事对渔船发行渔业许可。日本的法律大体上从欧美引入，只有渔业法是基于日本传统的习惯制定的。尤其是入口限制是日本独特的渔业管理制度，《磯は地付き、沖は入会》（德川幕府《山野海川入会》）这个德川时代的习惯在明治中期被编纂成渔业法。"地付き"说的是对于沿岸地块的资源，住在沿岸的渔民有排他性利用的权利，"入会"说的是在近海，"一定区域过来的渔船有特定的权利共同利用一定水域的资源"。

在沿岸的渔业权渔业方面，只有渔协的成员才能从事渔业，有很多通过正规的渔协有效管理努力量的例子。比如河川和湖沼的蛤蜊渔业，船的大小、渔具的种类、工作时间点等都被严格管理，年年稳定地从事捕捞渔业的地方很多。对此，在近海的渔业许可基础上的努力量管理就很难，尽管限制艘数，也会出现为了竞争先行捕捞无论如何都要过剩装备、渔获压力容易变强这样的问题。

相对于限制投入量，限制产出量是设定不同鱼种的渔获量上限，也叫出口限制，在欧美这种管理方式很早就是主流。比如阿拉斯加的红大马哈渔业，谁都可以捕获鲑鱼，对于沿岸的鲑鱼"ヨーイ、ドン"[a] 来开始全体捕捞，一旦达到 TAC 就停止。也称作奥林匹克方式。像第五章叙述的那样，在日本出口限制作为"TAC 法"在 1996 年被引入。TAC 在日本经过了下面几个步骤被确定下来。

①作为水产厅外部组织的水产综合研究中心算定了 ABC（Acceptable Biological Catch 生物学的容许渔获量）。

②在全国资源评价会议上，基于 ABC 提出的管理方案和渔业者进行了意见交换。

③在意见交换的基础上，考量渔业经营等情况，在水产政策审议会资源管理分科会上 TAC 被确定下来。

这个"考量渔业经营等情况"是有问题的，在这方面 ABC 被忽视，应防止资源滥捕的 TAC 制度被割除。

很多研究者不顾 1990 年以后强大的渔获压力妨碍了沙丁鱼和鲭鱼的资源恢复，还警告资源管理政策没能对应它。东京大学

---

a 日语中的拟声词，发音为"youi，don"。——译者注

海洋研究所的渡边良朗教授（2006）严厉指出，"如果资源已经减少到这个程度，全面禁渔是国际性的资源管理的常识，每年决定 TAC 而且持续捕获的现状，好像是决定了沙丁鱼容许滥捕的渔获量"。横滨国立大学的松田裕之教授（2005）也指出，"今后如果继续滥捕鲭鱼的幼鱼，资源有永久不能恢复的可能性"。

　　媒体也随之敲响警钟。2007 年 1 月 16 日的《朝日新闻》上，以《水产厅沙丁鱼'滥捕'确定》为题，写了下面的内容："水产厅将 ABC 的设定大幅度高于 TAC。2001、2002 年等，将 TAC 设定为远高于日本近海的沙丁鱼资源量。2002 年对于 28000 吨的 ABC，设定了约 12 倍的 342,000 吨的 TAC。这一年的资源量推定值是 214,000 吨。实际捕获的渔获量在 2002、2004、2005、2006 年超过了 ABC。水产厅默认了渔业资源的'滥捕'这个状况"。这个警告新闻在 2008 年 9 月 14 日被升级到了"不要把海掏空了"这个社评上。社评以《现行制度是滥捕的温床》为题，主张"大部分鱼种都被慢性设定了超过容许量的渔获额度。尤其是沙丁鱼容许量的超出很厉害，政府说是给滥捕划线，却在认可滥捕。即使是说违反了国际条约也没有用吧。必须要赶快改正。"

　　那么，要怎么办呢？我认为，要设置独立于行政机构的科学家常设委员会，在那里进行生物资源的评价，基于此制定 TAC 的草案，政府对实施进行建议，有必要创造一个政府能够对此尊重的体制。地球温室效应问题上的IPCC（气候变动的政府专家组）的渔业国内版。现在是科学先行，政府随后的时代。

西北太平洋的沙丁鱼和鲭鱼资源在现在稳态变换的低水准期。沙丁鱼要全面禁渔，鲭鱼要尽量低地控制渔获量。这样的话，卓越世代才会出现，能够等到资源呈上升曲线的那一天。美国加利福尼亚有实例。加利福尼亚州政府从进入低水准期的1967年到1985年的19年间，对沙丁鱼禁渔。在那之后进行了严密的渔获限制。这些都是基于科学调查而实施的。沙丁鱼开始增加，在1999年，"认为是1940年中期以来第一次，完全复活了"，有了这个复活宣言（CalCOFI，1999）。沙丁鱼乘着稳态变换的上升势头，现在仍然持续着生物量的增加（图4-7）。

政府应负责维持由于禁渔而变得困难的渔业者的生活。一边保护地球环境一边也必须保障国民的生活。政治现在也正在渔业中受到质疑。

终章
从海洋的角度考虑可持续发展——温室效应和稳态变换

如何评价世界渔业生产的现状

水产品占世界动物蛋白质摄取量的比例近年来高于20%，水产品作为世界人口的营养来源，变成了非常重要的东西。世界的人口从1970年的37亿人增长到2005年的65.1亿人，这期间增长了76%。另一方面，世界的渔业生产量（渔获＋养殖）在同期从六千七百万吨增长到了1.42亿吨，增长了112%。只看这个数字的话，渔业生产量的增加率大幅度高于人口的增加率。渔业生产量的大幅度增加主要是中国带来的，中国的渔业生产量在这期间从380万吨增加到5100万吨，竟然增加了令人难以置信的13.4倍，占到了2005年世界渔业生产量的36%。

　　中国 1970 年的捕捞渔业生产量是 249 万吨，2005 年是 1710
万吨，增加了 6.9 倍。但是，中国渔船的作业水域在传统的黄
海、东海和南海没有飞跃性扩大的信息，有这么高的生产量实
在令人难以置信。除去中国，世界的捕捞渔业生产量在这期间从
6320 万吨增加到 9210 万吨，不过增加了 46%，大大低于人口增
加率。

　　观察 FAO 开始统计世界捕捞渔业生产量变化（图终 -1），从
1950 年以后到 80 年代后半期都是稳定增加的，但在那之后，如
果将中国算进去的话，就是缓慢增加的，如果不算中国就变成
下降的了。不管怎样，80 年代后半期是生产动态变化的转折
点。对于这样一种停滞或者说下降为什么发生，看似能够得到
科学的、客观的评价，但实际上并不是简单的事情。这是因为
资源变动的评价标准没有被科学地确立，而且评价本身也有国

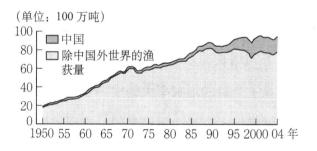

图终 -1　世界捕捞渔业生产量的推移

（出处：FAO，2006）

际政治的介入。首先来看一下 FAO 隔年公布的"世界的渔业和养殖业的现状 2006"的说明：

"20 世纪 70 年代和 80 年代，'滥捕＝过度捕捞状态'以及'衰退状态'的资源增加得很厉害，之后这样状态的资源比例没有变化。2005 年大约 1/4 的资源是'未开发'（3%）或者是'开发中'（20%）。大约一半（52%）的资源处于'最大资源承载＝完全利用'状态（MSY 阶段），剩下的 1/4 处于滥捕状态（17%）或者'衰退'状态（7%）或者'恢复中'（1%）。占世界的海洋捕捞渔业生产量（8580 万吨，2004 年）30% 的、生产量前 10 位的鱼种（Top 10）均为最大资源承载（MSY）状态或是滥捕状态，无法期待更多的生产增加。"

也就是说，资源的近 8 成已被最大限度利用或者过度捕捞，世界的海洋生物资源利用已达到了自然的极限。

但是，这个判定标准是不准确的，对于近年来的经年变化，渔获量如果呈增加趋势就说是"开发中"；稳定在较高水平就说是"最大资源承载"；呈减少趋势就说是"滥捕"；稳定在较低水平就说是"衰退"；从减少转为增加就说是"恢复中"。这些不过是对渔获量的变化按照 SY 曲线（图 1-6）来进行描述而已，完全是一种典型的、根据缺乏生态学要素的平衡理论所作出的评价。以下将上面的 Top 10 用图终 -2 表示，它们分别是：秘鲁鳀鱼（东南太平洋）、狭鳕（北太平洋）、蓝鳕（北大西洋，鳕鱼科

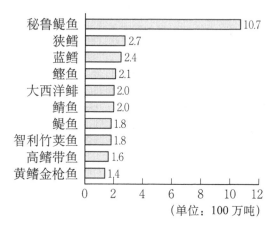

图终 -2　2004 年 Top 10 的鱼种的生产量
（出处：FAO，2006）

的鱼）、鲣鱼（所有海洋）、大西洋鲱（北大西洋）、鲭鱼（所有
海洋）、鳀鱼（西北太平洋）、智利竹荚鱼（东南太平洋）、高鳍
带鱼（南太平洋）、黄鳍金枪鱼（所有海洋）。其中，生产量如图
示的那样，鲱鱼、鳀鱼、鲭鱼、竹荚鱼等小型表层鱼类占压倒性
优势，为 Top 10 的 2/3。接下来是鳕鱼类、鲣鱼和金枪鱼类在其
后。小型表层鱼类自生产量 1068 万吨的秘鲁鳀鱼开始，所有鱼
类都是有大的稳态变换的鱼种，对这些鱼种，基于 MSY 这样一
个静态标准将其定性为"最大资源承载"或"滥捕"等是不科学
的。鲣鱼资源也被认为是有富余的（"平成十八年度国际渔业资
源现状"水产厅、水产综合研究中心）。不能不加辨别地全盘照搬
FAO 对于 Top 10 鱼种处于最大资源承载状态或者滥捕状态的资

源评价。

围绕生物资源状态的评价展开的论争和骚动

《日经科学》2003 年 10 月号上刊载过两篇讨论世界渔业资源状态的论文。一篇是具有世界性影响力的评论家、加拿大英属哥伦比亚大学的 D. Pauly 和 R. Watson 合著的《因滥捕而崩溃的食物链》，其日译版的原名是《数数最后的鱼》这个感性的题目，刊载在了 *Scientific American* 2003 年 7 月号上。它的卷头语是："渔获量以前所未有的节奏在走低。原因是滥捕，尤其是大型肉食鱼受到了很大的打击。继续这样下去的话，也许只能喝到海蜇和浮游生物的汤了"。这样触目惊心的话，在全世界引起了骚动。另一篇论文是东京大学海洋研究所的渡边良朗教授的《受气候变动左右的增减循环》，这是一篇理论性的论文，卷头语是："渔业自古以来重复着丰收和歉收，主要的原因不在于人为的滥捕和环境破坏，而是因为沙丁鱼类等类鱼的数量在大洋规模的气候影响下发生着大的变动"。两篇论文对比非常鲜明，对于资源变动的基本原因提出了完全不同的看法。我想聪明的读者能够觉察到，Pauly 和 Watson 的论文基于"渔获量减少就是由于滥捕"这一平衡理论的立场，渡边教授的论文则基于稳态变换的立场。这两个立场，如前所述，是理论上互不相容的两种立场。

Pauly 和 Watson 的论文强调，全球正在对大型肉食鱼进行滥捕，其最大论据是"食物链的崩坏"，使用了 FAO 渔获量统计。食物链是指利用进行光合作用的浮游植物被浮游动物食用、浮游动物被沙丁鱼这样的小型鱼食用、小型鱼又被金枪鱼那样的大型鱼食用这样一种关系，其各个阶段便是营养级。浮游植物的营养级是一的话，浮游动物是二、小型鱼是三、中型鱼是四、大型鱼是五。Pauly 教授等在另一篇论文《为了世界渔业的持续发展》（《自然》2002 年 8 月 8 日号）中提到，从世界的海洋得到的渔获物的平均营养级在 1970 年～ 1998 年这 29 年间从 3.06 降到了 2.65。他们称其为 Fishing Down，即价格越高的大型鱼所受到的渔获压力越大，因而导致了这种生物量相对变低、从高营养级向低营养级下降的现象。但是，该文并未很好地展示其计算用的数据和计算方法，不够严谨。这样一篇文章却能在诺贝尔奖获得者辈出的超一流科学杂志上刊载，可以说是罕见的论文审核不仔细。

事实上，世界上的海洋真的发生了这样由于渔获压力而导致的营养级走低的情况吗？为验证其真实性，我使用准确度水平很高的日本农林水产省的生产统计，对相当于 Pauly 和 Watson 论文统计时间跨度三倍的 1926 年～ 2007 年这 82 年间的数据，计算了暖水性表层鱼类资源的不同营养级的两个分类群的生产量（图终 -3）。可以认为日本的生产统计，尤其是暖水性表层鱼类资源的统计，很好地反映了世界上最大渔场——太平洋西北海域——的生物资源的动态。两个分类群一个是沙丁鱼类、秋刀鱼、竹荚鱼类、鲭鱼类等食用浮游生物的表层性小型鱼（Ⅰ群），另一个是以Ⅰ群为食的鲣鱼、金枪鱼类等洄游性食鱼性大型鱼（Ⅱ群）。另外，在这个图的上部，标出了 PDO 引起的北太平洋气候在不同时期的状态（第四章）。就太平洋西北海域而言，1924–1925 ～ 1946–1947 年是低温状态、1946–1947 ～ 1976–1977 年是温暖状态、1976–1977 ～ 1997–1998 年是低温状态、那之后是温暖状态。

图终 -3 下面的图，是Ⅰ群占总渔获量比例（3 年移动平均）的变动。1934、1957、1989 年是峰值，对应 PDO 的 3 个气候状态的划分。1934 年和 1989 年的峰值是沙丁鱼带来的。1957 年的峰值是它以外的小型表层鱼类带来的。和气候变动相对应的沙丁鱼和它以外的表层鱼类之间的鱼种交替，也就是说稳态变换是明确的。中间的图是Ⅱ群占总渔获量的比例（3 年移动平均）的推移。这也有 3 个峰值，但Ⅱ群的峰值比Ⅰ群的峰值晚了几年到十年的样子。这说明了Ⅱ群对Ⅰ群的依存关系。

上面的图显示出Ⅱ群生产量和Ⅰ群生产量的比值（3 年移动平均）的推移，整个 82 年呈现出较大的波形，这也显示出稳态变换。也就是说，1932 年到 1964 年上升，之后直至 1990 年持续降低，然后再次反转上升到 2000 年达到峰值，近年来又处于降

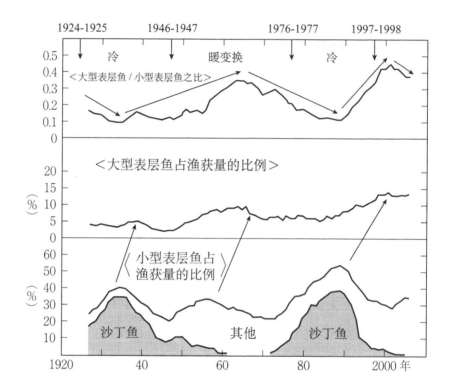

图终-3 太平洋西北海域的日本渔业暖水性小型表层鱼群落（Ⅰ：下）和
　　　 暖水性大型表层鱼群落（Ⅱ：中）的生产量占捕捞渔业总生产量的
　　　 比例变动，以及Ⅰ的生产量对Ⅱ的生产量之比（Ⅱ／Ⅰ：上）的变动

低趋势。Pauly 等人的论文(2002) 调查的期间是 1970 年～1998 年，
和 Ⅱ/I 比值的下降期即 1964 年～1990 年几乎重合。也就是说，他
们调查的 29 年的时间，不过是覆盖了 Ⅱ/I 比值走低的稳态变换
期。而纵观整个 82 年的时间，虽然也有变动，但总体上呈上升
趋势。如果生产量的动态反映了生物量动态的话，那么大型鱼的

生物量和它们食用的小型鱼相比较是相对变大的。这显示出的是生态系统的稳态变换，而并非像 Pauly 等人说的那样，显示出营养级的不同导致渔获压力的不同。

鱼类资源只剩下十分之一？

更让世界震惊的，也是一篇刊登在《自然》杂志上的论文。这篇论文题为《捕食性鱼类群落的世界性急剧减少》，发表于 2003 年 5 月 15 日，作者是加拿大达尔豪西大学的 R. A. Myers 和 B. Worm。论文论证了资源开发初期的 1952 年到 1999 年，在世界的热带、亚热带水域的日本金枪鱼延绳钓渔业的钓获率的变化。金枪鱼延绳钓渔业是一种将很多钓钩垂放入海中捕鱼的渔业，钓获率是 100 根钓勾钓获的鱼的尾数。根据 Myers 论文，这些水域在开发初期的 15 年间，渔业活动致使金枪鱼群落的整体生物量减少了 80%。他们将这一论证法推而广之，认为不光是金枪鱼类，世界大型的捕食性鱼类的生物量现在已降到渔业活动开始之前的 10%。这是和科学论文并不相符的扩大论法。这篇论文给世界带来了震撼，世界上很多媒体都报道了它。报道的新闻媒体有 CNN 和 BBC，纸媒有 *Washington Post*、*Time Magazine* 等，在日本也被很多报纸报道了。和 Myers 论文协同行动的是国际环境保护团体。在他们的主页上介绍了该论文，特别报道了延绳钓渔业破坏环境。在美国的议会，骚乱到了召开公听会的地步。以这篇论文为根据，环境保护团体和哥斯达黎加政府在联合国主张公海延绳钓渔业的暂停（moratorium）。

对于这篇论文，国内外很多科学家发表了批判性的见解。水产厅外围团体水产综合研究中心远洋水产研究所的鱼住雄二所长（《由偏颇的科学论文衍生出的金枪鱼资源危机—论 Myers 的论文》2006）引用了 Myers 的图（图终 -4），指出日本的金枪鱼延绳钓渔业在热带和亚热带水域资源开发之初的 20 世纪 60 年代中期之前，以加工出口美国的生物量较大的长鳍金枪鱼和黄鳍金枪鱼为对象，在那之后，转变为用于国内刺身的生物量较小的大眼金枪鱼为渔获对象鱼种，结果造成金枪鱼渔业整体渔获率表面上的急速下降，以此来说明 Myers 的论文"多么荒谬"。

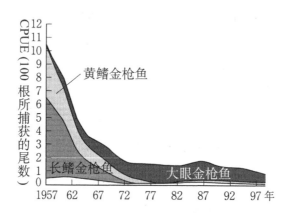

图终 -4　Myers 论文中在热带大西洋的日本延绳钓渔业 CPUE 的推算
（出处：鱼住，2006）

此外，澳大利亚一位名为 T. Polacek（*Marine Policy*，2005）的水产资源研究者在对 Myers 的论文进行全面反驳的同时，也批判了未经充分审查就刊载了有科学性问题论文的《自然》杂志。这场围绕世界海洋生物资源状态评价所产生、并将环境保护团体也卷入其中的金枪鱼延绳钓风波，是有伏笔的，那就是公海流刺网风波。

从 20 世纪 70 年代中期开始，在北太平洋的公海以赤鱿为对象，在南太平洋则以长鳍金枪鱼为对象，以日本为中心开展了流刺网渔业。1989 年，日本通过渔业捕获的赤鱿有 133,000 吨，长鳍金枪鱼有 13,000 吨。美国和南太平洋各国认为这样大规模的流刺网会造成滥捕和环境破坏，因而提出反对。环境保护团体谴责流刺网是对哺乳类、海鸟类、海龟类进行混捕的"死亡之墙"。此外，美国的阿拉斯加、华盛顿、俄勒冈、加利福尼亚等州和加拿大的渔业者认为流刺网还混捕会鲑鳟，也提出反对。渔业者们和西部诸州的州议会代表以及各种环境保护团体结成统一战线，领军人物是当时的国务卿 James Baker、环境保护派的参议院议员 Albert Gore（克林顿政权的副总统）、阿拉斯加鲑鳟业界代表 Ted Stevens。南太平洋诸国的国家财政在很大程度上依赖于外国金枪鱼捕捞船进入其专属经济区（EEZ）捕鱼时所缴纳的管理费，这些国家与美国、加拿大在联合国内联手，美国、加拿大的业界和政府、议会在州、联邦间合作。另外，环境保护团体和媒体携手，将鲑鳟问题打造成一个环境问题，开始宣传公海流刺网是对海洋生态系统的紧迫威胁。日本的业界和政府为了让渔业存续下去，进行了全力抗争，实施了日本、美国、加拿大三国研究者参加的国际共同调查，给出了客观数据（哺乳类、海鸟类、海龟等小到可以忽略不计的混捕），但寡不敌众，最终在1991年12月20日的联合国大会上，未经投票通过了《暂停世界公海海域的大型流刺网渔业》这一决议。一种渔业能够成为联合国大会的议题，是史无前例的。就这样，公海流刺网这种渔业灭迹了。外洋性鱿鱼类作为一种生物量巨大的未利用资源曾备受期待，如此一来，开发它的可能性也被剥夺了。

美国环境保护团体的下一个目标是金枪鱼延绳钓渔业。《纽约时报》是世界上最具影响力的大众媒体之一。在该报1998年一月二十日的社论中，将金枪鱼延绳钓渔业评价为"世界海洋上无意义的杀戮"，其中写道："延绳钓由多达3000个带着鱼饵的鱼钩枝绳构成。这些鱼钩在钓上巨大的金枪鱼、鲨鱼的同时，也在杀死很多幼小的鱼。1991年联合国叫停了大规模的流刺网，下一步当然会是对于延绳钓的严格限制吧"。这为Myers 2003年的论文打下了伏笔。

处在这样一种环境保护运动及国际政治的漩涡之中，海洋生物资源的持续利用问题不可能用通常的办法来解决。保护资源不被滥捕肯定是必要的。由于金枪鱼，尤其是马苏金枪鱼和大西洋的蓝鳍金枪鱼被认为处在危险的状态，国际性的资源管理机构对此设定了渔获额度，要求各国作出延绳钓渔船的减船措施。但是，像上面那样，资源评价被特定的运动或者政治宣传所歪曲，却是不应有的。

对于金枪鱼资源的管理，虽然在大西洋有 ICCAT（大西洋金枪鱼类保护委员会）、中西部太平洋有 WCPFC（中西部太平洋金枪鱼类委员会）等国际委员会，但是管理并非都有实效。原因之一在于这些委员会是由行政人员主导的政府间委员会，科学家的作用不过是对政府的行政人员提建议，基本上是一个各个国家为自己争夺利益的场所。

为了对海洋生物资源作出科学的评价并在此基础上实现资源的可持续利用，需要一个像 IPCC 那样、能科学地分析地球温室效应问题并要求国际社会采取相应对策的、由科学家主导的国际机制。现在是科学先行，政治随后的时代。

为了海洋生物资源的可持续利用

我将"稳态变换"定义为"由大气、海洋、海洋生态系统构成的地球环境系统的基本构造（regime）以数十年为时间单位进行变换（shift）"。稳态变换作为一个新词，和其定义一起收入了 2008 年 1 月发行的《广辞苑（第六版）》（岩波书店），可以说作为一个科学用语已固定下来。像第五章说的那样，根据稳态变换理论，长年受到争议的海洋生物资源的"变动"和"滥捕"问题能够得到一致的理解。海洋生态系统与作为其组成要素的海洋生物资源，在不受系统外部因素干扰的条件下，会以正常的节律进行稳态变换（变化）。由于过度的渔获压力，稳态变换的"变换"系统被扰乱和破坏，这就是"滥捕"。这是基于稳态变换理论对"滥捕"的新定义。尤其是在稳态变换的低水平期所受到的强大的渔获压力，有破坏稳态变换节律的危险。

在无限制的经济全球化的情况下，对于海洋生物资源的渔获压力在增强，对此加以有效限制是科学（地球科学和环境经济学）和民主主义的课题。即使确立了限制方案，产业界或是得到他们授意的政治家一定会对政府施加压力，要求"放宽限制"。为应对这一问题，需要建立起一套能够监督政治的民主主义机制。海洋生物资源固然是渔业这一经济行为的对象，但它首先是地球环境的一部分。

还有破坏稳态变换步调的另一个外力，那便是地球温室效应。关于气候变动，最近经常使用的一个词是崩溃点。其意思是由于地球温室效应，气候已接近"不归点"（PNR Point of No Return）。那样将很难控制气候发展，气候会崩溃变成别的状态。科学作家 Gabriel Walker 说，驱动这个气候变化的中心点，是在北极～北大西洋北部（《自然》2006 年 6 月 15 日号）。他指的是

①覆盖北极海的海冰，②覆盖其南部格陵兰岛的广阔的大陆冰川，③北欧海（Nordic Sea）（大循环的出发点）上的 NADW（北大西洋深层水体）的形成。北极海～北欧海聚集了巨大的温室效应压力，正向着崩溃点发展。

　　在北极海发生的是一种被称作冰－反射率回馈的循环。随着温室效应加剧，覆盖海面的冰会融化，反射率（Albedo）降低，太阳热量会积蓄在北极海洋中。夏天的海冰覆盖面积在过去 30 年间以每 10 年 8% 的速度在缩小。美国海军研究生院的 W. Maslowski 曾说过"2013 年夏天冰将从北极消失"。 连接欧洲、亚洲与北美西岸的新航线的"开通"正在变得具有现实性。而且，对于北极海的海底油田，资源的争夺战也会发生。在格陵兰岛，冰床的边缘在后退，世界的气温如果上升 3.1 度的话，冰川会加速缩小，最终成为"没有冰的格陵兰岛"。Walker 说的 3.1 度是 PNR。像这样来自北极海和格陵兰岛的淡水流入北欧海，会在表层扩展开来，覆盖在大循环的沉降区域上方，可能会造成大循环停止。德国的 S. Ramstroph（2005）说，每秒 10 万～20 万 m^3 的淡水流入北欧海，会造成温盐循环关闭。

　　如果大循环变弱或停止会怎么样呢？传送带循环的强度是以数十年为时间节律而变动的（第四章）。也就是说，它挥舞着稳态转换这个交响乐的指挥棒。指挥棒的挥舞有变弱或者停止的风险，对地球环境的正常变动来说是红色警示灯。

但这只是一种可能性。我几年前看的一部电影 *The Day After Tomorrow* 中极端地描写了由于地球温室效应导致温盐循环停止所造成的影响，但 2007 年 IPCC 的《第四次评价报告》中，写着"关于海洋的深层循环，没有确定其明确趋势的充分证据"。

由于气候变化导致的动物个体数量规律性变化的停止在陆地上已实际发生。旅鼠（lemming）是啮齿类的一种，广泛分布在北欧的高山地带，寿命 3 年～4 年，冬天在雪下面度过，主要食用苔藓。旅鼠的数量 3 年～5 年会大爆发一次，过去数千年都是这样的。在挪威北部，1970 年旅鼠增长过快，跑到道路上去，多到动用除雪车把它们除去的程度。大爆发只能短期持续，因为食物会变得匮乏。也就是说，旅鼠的个体群不受密度影响地爆发性增长，又在密度影响下突然崩溃。这种个体数量变化模式和沙丁鱼类似。但是，在挪威南部，这个大爆发已经有差不多 15 年没有见到了（图终 -5）。奥斯陆大学的 K. L. Kausurudo 等人（2008）调查了其原因。以前到了冬天，雪覆盖大地，地面散发的热量会使和地面接触的薄薄的雪层融化，雪和大地之间产生缝隙，旅鼠在那里食用苔藓过冬。但是，在暖冬，雪会融化，再次冻结的薄薄的冰层覆盖了地面。旅鼠失去了栖息地，也不能食用苔藓了。1994 年以后气候发生变化，暖冬持续，旅鼠的生息条件变差，数千年间周期性发生的数量大爆发不再发生，个体数量的变动循环停止了。

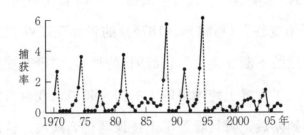

图终-5　挪威南部旅鼠的生物量变动

注：捕获率的单位是 100 个笼子与一晚上捕获数的平方根

（出处：Kausrud 等，2008）

　　基于 IPCC 的活动，科学明确提出了限制二氧化碳排放的必要性。接下来就轮到国际政治出场了。为防止气候到达崩溃点并走向失控，为防止稳态变换的旋律遭到破坏，亟待构建低碳社会。

后序

　　距离我走上渔业科学研究的道路已经过去了 60 年。我最初从事研究鲣鱼、金枪鱼或者是鲭鱼、太平洋褶柔鱼等个别鱼种的生态研究工作是大约 35 年前，从那时开始思考海洋生物资源的自然"变动"问题和渔业带来的"滥捕"问题能否进行统一性的理解，提出"稳态变换"的概念是 1983 年。结果，作为"不变神话"的"平衡理论"失去了根据。从 18 世纪前期牛顿的"自然的绝对不变性"（恩格斯，1876）的世界飞跃性到达了达尔文的"自然的不断变动性"（1859）的世界。"稳态变换"的概念广泛进入了世界上跨学科的大的研究领域，我自身的想法也进一步得到发展，暂且看到了上述课题得到解决。这次将其总结到岩波新书里是非常高兴的事情，感谢给予此次机会的岩波书店。

研究的过程中我感受到的是陆地和海洋的不同，相较陆地而言，海洋的胸怀更显博大高深。古生代泥盆纪中期 3.8 亿年前腔棘鱼在海洋中出现，当时的动物种基本上灭绝了，它现在还和那个时候的样子差不多，这是它被称作活化石的缘由。这就是在有着安定环境的海洋中发生的事情。正是因为海洋有这个特性，稳态变换是一个世纪有两次循环的长期变动。

这个博大高深的胸怀和人类以及动物的关系也有关。陆地上人类的狩猎对象主要是哺乳类和鸟类。由于人类的捕获而灭绝的动物不胜枚举，比如分布在北美的旅鸽。这种鸽子在 19 世纪初期被认为有数百亿只，数十亿只的鸽群在空中飞的话，"尽管是中午也会像日食一样变暗"，数量众多。开拓者们将这种鸟作为食物，如获至宝，结果发生了非常残酷的杀戮现象。1914 年 9 月 1 日最后的一只在动物园死亡，一个物种在地球上消失了（Siliverberg，1967）。

相对而言，在海洋的捕获（渔获）对象尽管是同样的脊椎动物，是比哺乳类、鸟类进化程度低了几段的鱼类。渔获一边扩大着规模，一边从太古时代发展到现在。在海洋中，有由于环境变化或者是环境破坏而灭绝的鱼类，但是，即使在非常强的渔获情况下，我也不曾知道由于渔获灭绝的鱼类。陆地和海洋这方面的不同，是从哪里来的呢？

哺乳类、鸟类的上一代照顾着下一代，亲子之前的数量关系是明确的。被捕获的上一代过度减少的话，下一代也会不停减少，最终灭绝。这一点几乎不受环境的影响。但是，在鱼类中，非常多的卵被产下来，之后就交给自然。亲子的数量关系很弱，下一代的数量不由上一代的数量决定，而主要由产卵的生存率决定。尽管上一代减少，在低水准期控制渔获的话，环境条件变好的时候生物量会一下子恢复。低水准期持续被捕获的话，生物量虽然不会恢复，但是会坚韧地生存下来。这和陆地严峻的环境不一样，孕育生命的海洋是安定的环境，是胸怀宽广的营养盐之汤，有丰富的包容力。像这样，由于自然力而进行再生产的海洋，为了让其持续不断地给人类带来资源，必须要爱惜地去利用，为此，也必须了解海洋生物生产的机制。这个机制是由大气－海洋－海洋生态系统构成的地球环境系统的基本构造，它用数十年时间规模进行的稳态变换，我希望这个事情被更多人知道，所以写了这本书。

我在 60 年间的研究生活中，尤其是进入 20 世纪 90 年代后，海鱼的生物科学以及环境科学的研究得到了很大的发展，对于海鱼的社会看法也发生了巨大的变化。曾经，海鱼是渔业者的渔获对象，用经济学术语来说就是劳动对象。但是，现在不是了。鱼是和大气以及海水一样的地球环境。更准确地来说，与其说鱼是地球环境，不如说鱼是作为地球环境的海洋生态系统的构成部分。这也说明，在不破坏海洋生态系统的限度下允许生物资源的利用，也为了可持续利用，不依靠 EEZ 的一国主义，有必要推行超越 EEZ 的国际合作。我打算用稳态变换理论来说明这个问题。有必要展望从国家的资源管理到国际合作带来的海洋生态系统的可持续利用这个变换吧。但是，现实并非如此。

根据《联合国海洋法公约》，世界上的海洋在 1982 年作为 EEZ 被沿岸国分割后，在那里分布的生物资源并非人类全体的共有财产，而是一种私有财产，也就是成了沿岸国的国家财产或者是国家资源。结果，国家层面和外国在事实上买卖资源利用权。EEZ 的入渔费用等就是这个典型。

作为日本特有制度的共同渔业权，公有水域周边的渔业协同组合可以对生态系统进行管理。要清楚，渔业者集团是代替人类持续可能性地利用生态系统的。但是，近年来感到不安的是，与此相反，国家分割资源这个利用权分配给企业或者个人，或者进行再分配。进入 20 世纪 80 年代后，冰岛、新西兰等国家用 IQ（Individual Quota 个体渔获配额）或者 ITQ（Individual Transferable Quota 个体可转让渔获配额）的形式来进行资源利用权的分割和分配。

在冰岛，与其说 ITQ 是商业交易或者租赁的对象，不如说作为财产被纳税或作为银行的信用抵押。资源利用权和土地、劳动力、货币一样是虚拟的商品，作为独立于渔船的商品是可以被分割的，这样的市场正在形成（Eythorsson, 1998）。

在日本，对于 ITQ 制度导入的可能性，政府内部也展开了争议。这是基于 EEZ 的海洋生物资源分割的将来，也是被 2008 年秋季的金融危机否定了的，将所有价值交由市场评价的市场原理主义的将来。我认为不能将地球环境分割来进行买卖。为了在日本不发生这样的事情，现在正是关键时刻。

岩波书店新书编辑部的太田顺子给了我写这本书的契机。太田听了我的想法，还为我做了目录，我非常认同，这后来也成为本书的目录。之后还几次麻烦她来到我家，给了我非常有益的建议。而且，完成这本书的过程中我也给她添了麻烦。如果没有太田，就没有这本书，由衷感谢。

我的稳态变换研究也承蒙了以东京农业大学教授谷口旭、东北大学理学研究科长花轮公雄、到今年三月为止在茨城县水产测试场的二平章、东京大学海洋研究所教授渡边良朗为首的海内外多数研究者、以及其他很多人的关照。关于参考文献，谢谢东北

大学农学研究科的伊藤绢子的辛勤工作。能够著成这本书，也是
这些人对我帮助的结果。

川崎健

2009 年 5 月　于藤泽的家